ちくま文庫

ふしぎ地名巡り

今尾恵介

筑摩

目次

ふしぎ地名巡り

第一章　いろいろなモノの地名

水が豊富な国の「水の地名」

どこでも水道水が飲める国である日本は世界的には少数派だ。先進国のヨーロッパであっても「お腹を壊さないよう水道水は直接飲まないで」と強調されることが多い中で、日本列島は気候的、地質的な環境に恵まれて良質な水が得られている。それでも大規模な上水道や農業用水の供給システムが確立されるまでは、その安定供給のために昔からご先祖たちが苦労してきたのも事実だ。

毎日の暮らしに不可欠な水にまつわる地名は当然ながら多く、まず国名では現在の大阪府南部にあたる和泉国（いずみのくに）。国府のあった現在の和泉市府中（府中は国府所在地を意味する）にある泉井上神社の湧水にちなむという説もあるが、国名は「好字二字」と決められたため、発音しない佳字の「和」を冠した。泉町は全国に無数といっても誇張でないほど多数あって、中には直接湧水に関連しないが縁起の良い「瑞祥（ずいしょう）地名」として名乗っている例があるかもしれない。

大阪府和泉市は昭和八年（一九三三）から和泉町を名乗っているが、これは国名であるのと同時に、その「発祥の地」を意識したものだろう。読み方が「いずみし」で同じなのが鹿児島県の出水市。県の北西部に広がる出水平野の東側に位置するが、取り囲む出水山地から流れ出た河川が作り上げた扇状地の末端からの豊富な湧水に由来するとされ、中世には和泉とも書いた。

関東で水の付く地名を思い浮かべると、天気予報にも必ず登場する群馬県北部の「みなかみ町」。今でこそ合併でひらがな化したが、平成一七年（二〇〇五）までは水上町だった、上越線には水上駅もある。ところがこの地名は意外に新しい。明治二二年（一八八九）に実施された町村制施行時に現在水上駅のある鹿野沢村、温泉街のある湯原村など計一八の村が合併した際、一帯が利根川の上流部にあたり、その水源を有することから「水上」と新たに命名したものだ。

湧水は清水とも呼び、有名な静岡県の清水（現静岡市清水区）をはじめ、全国各地にその例は多い。北陸ではこれを「しょうず」と呼び、おおむね清水の字を当てているが、石川県加賀市の山中温泉生水町という字もある。こちらも湧水起源とされるが、今では九谷ダムの底に沈んでいる。

地面から水が湧き出す現象に霊的なものを感じる人も多かったようで、特別な湧水にまつわる地名は多い。たとえば奈良県大淀町の薬水は近鉄吉野線の駅名にもなっているが、むかし多くの人が疫病に苦しんでいた時に弘法大師が通りがかり、その教えた井戸の水を村人が飲むとたちまち快癒したことから薬水と名付けたとの伝説がある。

東京の通称地名で、これも中央線の駅名になっている御茶ノ水（千代田区神田駿河台など）は、将軍のための茶を淹れるために汲んだ良質の湧水により名付けられた。正式地名としての御茶の水町は全国でただ一か所、北海道岩見沢市にある。こちらは飲料水を求めて井戸を掘ったら出てきた水は鉄分のせいか赤い色で、「お茶のような水」ということから命名されたという（昭和三七年からの町名）から、同じお茶でも東京のとは意味がまったく違う。

湧いてくるのが特色ある水ならその旨の地名が発生する。たとえば日本では数少ない油田地帯の新潟県長岡市に草生津（くそうづ）という地名があるが、これは臭水（くそうず）すなわち従来から自然に湧出していた石油のことで、明治に入って一帯で油田開発が始まった頃には、もともと信濃川から少し入った長岡藩の河岸場であったこの草生津が奇しくも石油の積出港となった。同県内の新津（にいつ）（新潟県秋葉（あきは）区）も油田地帯で草水町（くそうずちょう）があり、小字（こあざ）には石油そのものを表わす青草水（あおくそうず）、沸壺沢（にえつぼさわ）なども揃っている。秋田県の現役油田のある八橋（やばせ）地区に流れているのもやはり同じ起源をもつ草生津川。一方で同じ臭水でも、群馬県の草津温泉のクサツは石油ではなく、強い硫化水素臭のある温泉の水が由来だそうだ。

水の出る場所は各地に多いが、水が地面に消えていくのは珍しい。たとえば石灰岩地形には鍾乳洞などのある地下に表流水が吸い込まれるポノールという穴がたまに開いており、山口県美祢市於福町下（おふくちょうしも）にはＪＲ美祢線於福駅のすぐ東側の山の裾に開いている

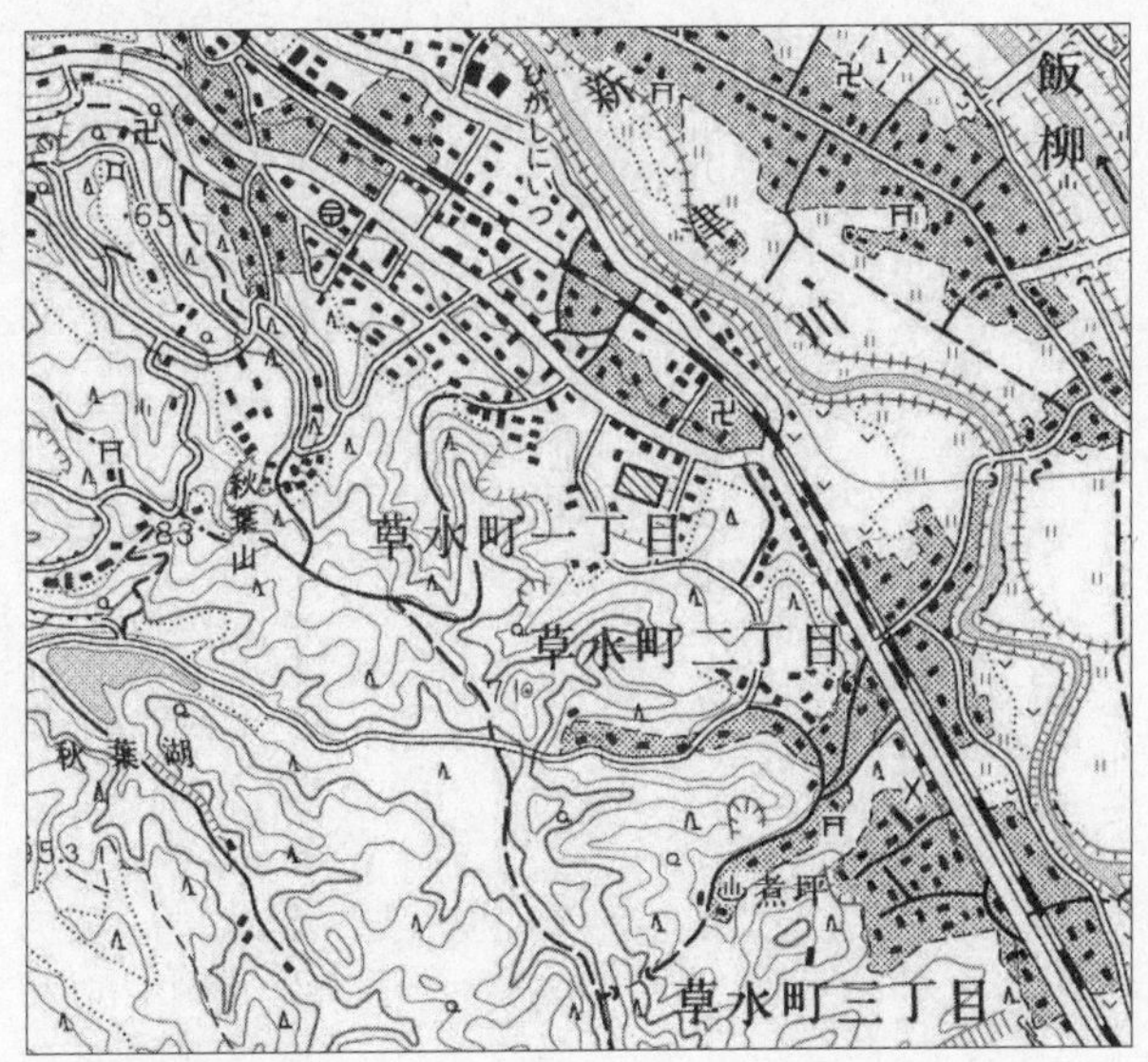

図１　水の豊富な国の「水の地名」
石油（臭水・くそうず）にちなむ草水町（現新潟市秋葉区）には江戸期発見の煮坪（にえつぼ）が見える。１：25,000「新津」平成13年修正

「入水（いりみず）の穴」がそれで、一帯の地名はその名も入水という。

利水のための地名も、時代が進むにつれて土木工事の大規模化とともに目立つようで、江戸初期に開通した神田上水にまつわる地名では文京区の水道（江戸期は水道町）、玉川上水にちなむ地名には、後世の命名だが小平市上水本町（昭和三七年）と世田谷区桜上水（同四一年。駅名が先）などがある。また洪水常襲地帯であった信濃川下流部を守るために開削された大河津分水路（昭和六年竣工）の起点には昭和二九年（一九五四）に合併で新しく分水町が誕生した。現在は燕市内となったが、域内の各町には「分水」が冠されている。また北海道釧路市の治水町は釧路川の治水工事に伴う「治水市街地区」であることから昭和三七年（一九六二）に命名された。昨今では水害も多発しているが、水の地名がこれだけ豊富にあるのは、反対に水との付き合いの難しさの表われなのかもしれない。

火の地名・焼ける地名

九州の西側は古く「火の国」と呼ばれていた。それがいつの頃からか分かれ、古代律令制が始まる頃にはすでに肥前（壱岐・対馬を除く長崎県・佐賀県）と肥後（熊本県）の二国になっている。火の国という名前は阿蘇や雲仙などの火山を連想させるが、有明海の珍しい現象として古くから知られた不知火に由来するらしい。

火に関連する地名は全国的に見てそれほど多いわけではないが、現存する火のつくものでは、たとえば火打という地名が岐阜県下呂市、兵庫県川西市、奈良県五條市（火打町）にある。下呂市の火打は山中の小さな集落であるが、門和佐川を四キロほど下ると飛騨川に面してJR高山本線焼石駅のある焼石集落に出る。どう見てもペア地名で、一説には両者とも焼畑に関連するというが、本当のところはわからない。

次の川西市火打は大阪近郊の便利な場所にあるが、西に位置する石切山で火打石を産したことに由来するという。火打石という地名も、小字レベルなら全国に数か所あるようだ。しかし五條市の火打町は『五條市史』によれば火打石説の他に「焼畑を行った所」「烽火を打ちあげた野」といった伝承もあるという。

烽火は急を要する情報を遠方へいち早く伝達するための、昔の「光通信」の手段であるが、そのために火を焚く山はあらかじめ決められていたそうで、長崎市の北東部にある烽火山は島原の乱の後の寛永一五年（一六三八）に松平信綱の命により烽火台が設けられたことによる。福岡県糸島市の糸島半島にある火山はもっと古く、天智天皇三年（六六四）に狼煙を設置して稲留の火山と称したのが由来とある。今は広島県呉市内となった倉橋島にある火山も、やはり烽火を焚く山にちなむという。

現代語で火山といえば噴火する山を連想するが、調べてみると近世以前の山はおおむね烽火台であるようだ。むしろ火山という名の火山は見あたらず、強いて挙げれば上高地の大正池を作った焼岳という形になってしまう。あくまで「火」は人が点じるものに限られていたのだろうか。そういえば関門海峡を俯瞰する展望台で知られる山口県下関市の火の山も、やはり急を知らせる烽火場、もしくは「和布刈神事の刻限を京へ注進す

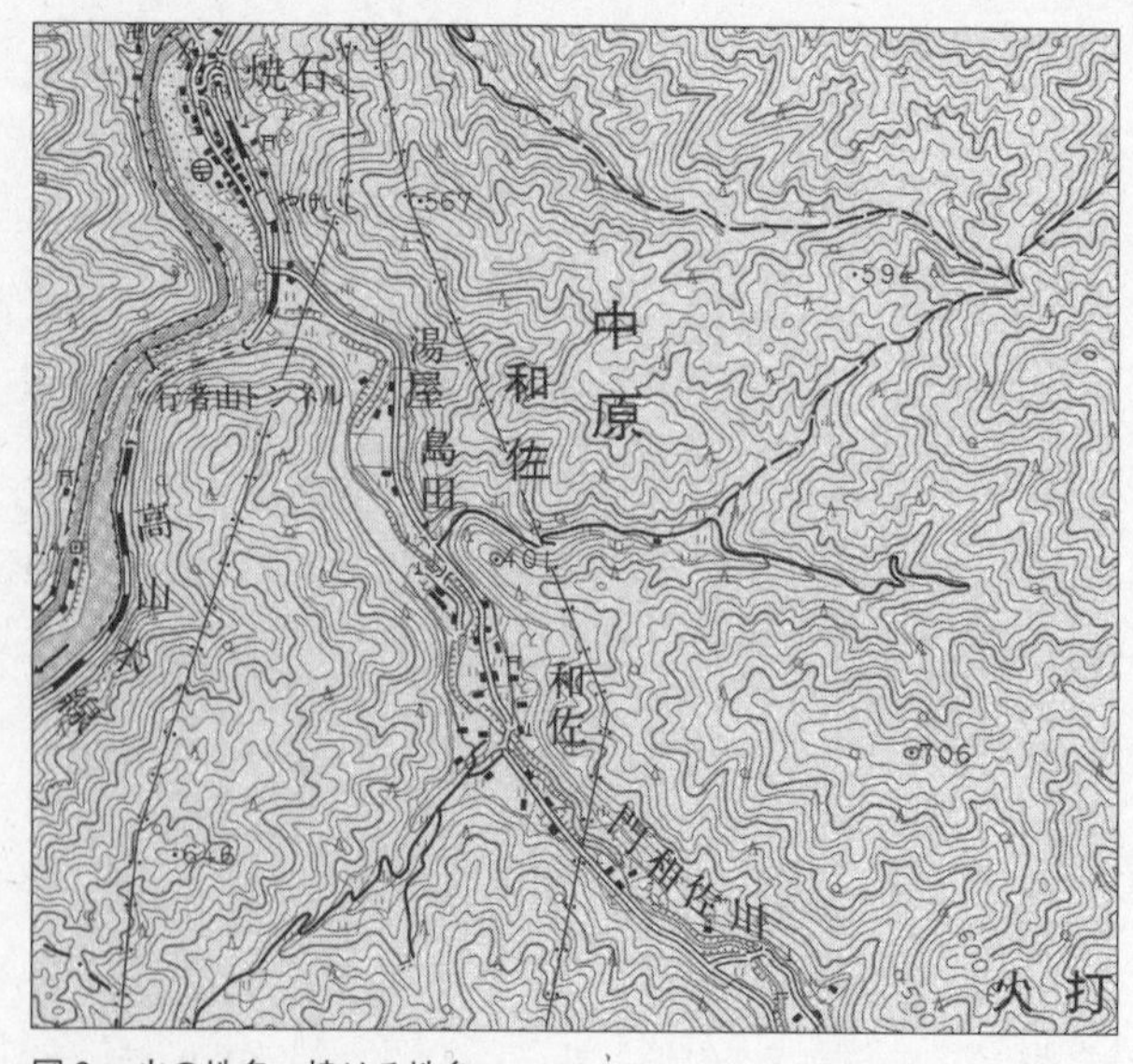

図2　火の地名・焼ける地名
岐阜県下呂市にある火打と焼石の地名。由来は火打石か焼畑か。線路沿いに流れるのは飛騨川。1：50,000地形図「下呂」昭和63年修正

るための狼煙」にちなむとされる。庄原市東城には焚火山もあり、こちらはより狼煙らしい雰囲気だ。

同じ読みで焼火山と書くのは島根県・隠岐島前の西ノ島にある標高四五二メートルの山で、地図で見れば明らかにカルデラ（スペイン語で鍋の意）のまん中に聳える中央火口丘であるが、山名そのものは火山由来ではないらしい。『角川日本地名大辞典』は起源は明らかでないと断りなが

も「古代以来の灯台の火を意味するものであろう」としている。山頂の南西側にある焼火神社の縁起には「海中に生じた光が数夜にわたって輝き、ある晩にこの山に飛び入った」といった伝承が記されているようだ。いずれにせよ焼火山は島前火山と呼ばれるカルデラをもつ火山の一部で、これが盛んに活動していたのは約六〇〇万年前というから、火山活動とはやはり関係ないのだろう。ちなみに焼山という山は全国各地に多く、こちらは山焼きや焼畑に由来するものが多い。

焼の字を用いた地名は火よりも多く、静岡県の焼津市はその代表例だろうか。日本武尊が東征の折にここを通って賊に襲われた際、火を放って難を逃れたのが由来とされるが、おそらく字に導かれたありがちな地名伝説と思われる。焼き払う関連では、富山県南砺市の焼野がそうで、今では水田が広がる中に家が点在する典型的な散居村集落だ。室町期には原野であったらしいが、そこが僧侶らの隠遁地となっていたため足利尊氏が焼き払ったのでこの名があるという。市役所のある福野の東側だが、付近には雨潜とか年代、百町といった珍しい地名が並んでいる。

神戸市東灘区には焼ヶ原という地名があった。当初は住吉村字焼ヶ原であったが、東灘区住吉町焼ヶ原として戦後も継続している。しかし昭和四五年（一九七〇）から宅地開発が始まり、同五一年には住吉町焼ヶ原の他に住吉町を冠する松本、川向、縄手下、手崎など二〇以上の細かい町が「住吉山手」に統合されて消えた。ただしこちらは火事の後の「焼け野が原」ではなく、扇状地で砂礫土壌のため保水が悪く、「日に焼ける田（焼田）」として耕作に不向きだったことに由来するという。

しかし中には焼の字を忌んで地名を変えたところもある。たとえば鹿児島県の奄美大島にあった大島郡焼内村(やきうちそん)は、琉球王国の焼内間切(まぎり)（間切はいくつかの村を統合した琉球の行政単位）が町村制施行に伴って明治四一年（一九〇八）に焼内村となったもので、二〇の大字（旧村）を管轄していた。元は旧焼内間切からの区分である宇検方(うけんほう)一三大字と西方七大字で構成されていたが、大正五年（一九一六）に西方七大字が西方村として分村、その後は残る一三大字となった。ところがこの時期に各地で火事が相次いだため村名変更の機運が高まり、宇検村(そん)と改めている。今では奄美大島の西側に深く入り込んでいる焼内湾(やけうちわん)の名にかろうじて名残をとどめるばかりだ。

二人の羽生――土に由来する地名

フィギュアスケートと将棋で二人の「羽生さん」が活躍しているが、読み方はハニュウ・ハブの二通り。日本人は難なく両者を区別して呼ぶのだが、同じ漢字文化圏の国でもこれは理解しにくいらしい。漢字を意味として用いる（訓読み）一方で発音記号（音読み）としても便利に使ってきた日本では地名の読み方が複数存在するのはまったく珍しくないが、地名事典の類によればハニュウもハブも、粘土質の土地につく地名である。ハニは埴輪の「埴」だが、ハニが「生る」のがハニ・フ→ハニュウで、ハブもその転訛の一形態である。なぜ埴の字ではなく羽にしたかという理由は、土臭い字を避けたのかもしれないが、当時の人に聞いてみないと羽を選んだ感覚はわからない。古代から日本では国・郡・郷の名に「好字二字」で表記するよう命じられてきた伝統があり、好字が時代により微妙に変化するかもしれないが、いずれにせよ羽生の表記が好まれたのだろう。埼玉県の羽生市も室町期からこの表記が用いられてきたというが、一方で埴生と記載されたこともあった。

羽生に限らず粘土質のハニに由来するらしい羽の地名は各地に点在しており、たとえば東京都北区の赤羽（かつては赤羽根とも表記）も同類と考えられている。この地域は海食崖が顕著なことから、関東ローム層の赤土が目立つことから名付けられたのだろうか。『角川日本地名大辞典』で赤羽・赤羽根の地名を調べてみると、栃木県真岡市の赤羽は「赤土の多いことに由来」とあるし、愛知県田原市の赤羽根も「赤いねば土が多いことから」としている。奈良県宇陀市では羽にせず今も赤埴の表記だ。東京国際空港のある羽田も同様の地名とされているが、「田」の字は田んぼを意味するわけではなく、「〜の場所」を意味するタである。

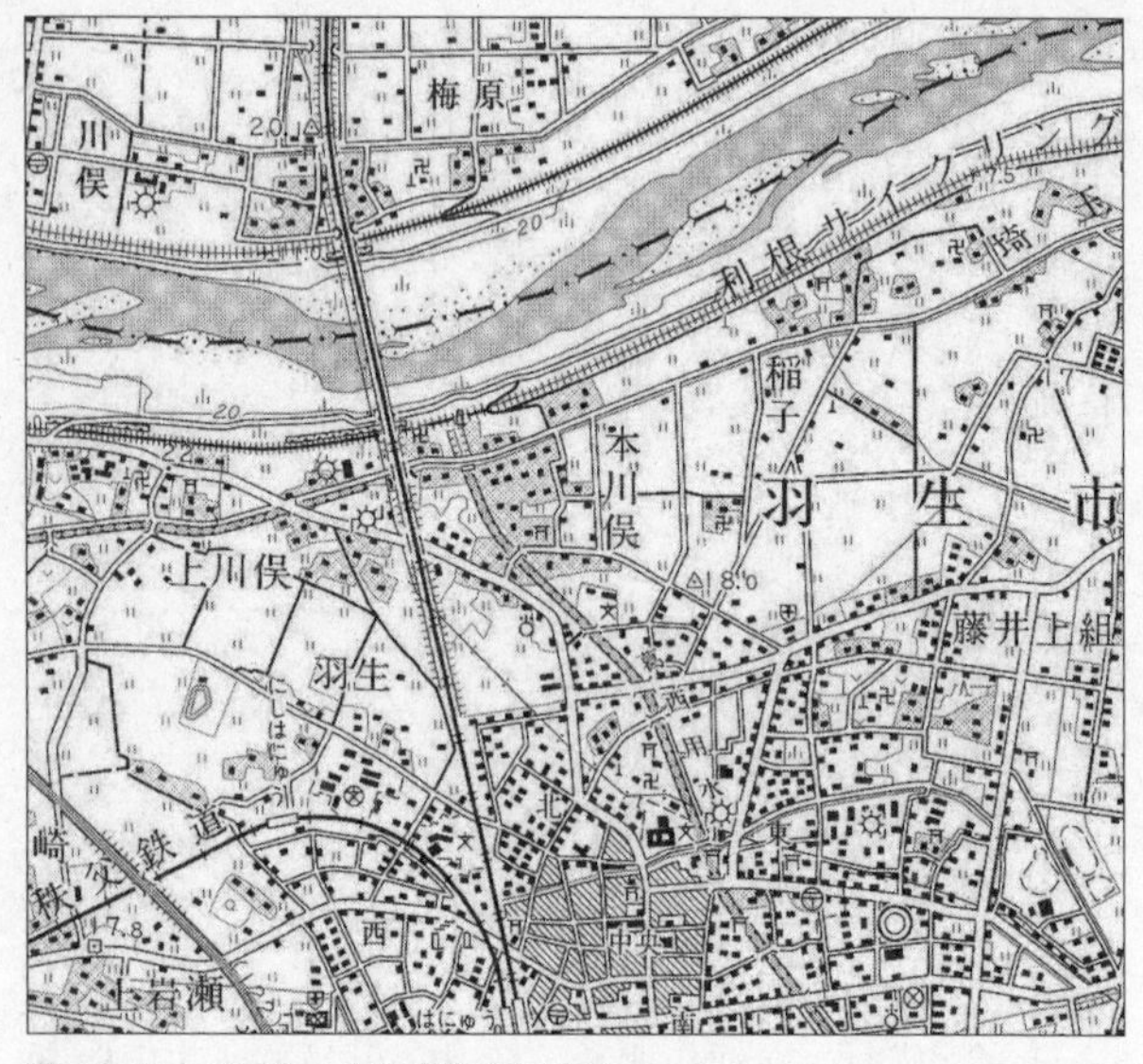

図3　2人の羽生－土に由来する地名
最近になって知名度が上昇した（？）埼玉県の羽生（はにゅう）市。粘土質の土（羽＝埴）が由来とされる。1：50,000「古河」平成9年修正

東京では赤羽にほど近い荒川区内を南北に走る「日暮里・舎人（とねり）ライナー」に赤土（あかど）小学校前という珍しく小学校を名乗る駅があるが、この赤土小学校は大正一三年（一九二四）に尾久（おぐ）小学校から分かれて設立された。現在は荒川区東尾久なので現役の地名ではないが、設立当時の所在地である北豊島郡尾久町大字下尾久には字赤土があったので、その地名を採用したようだ。読み方がアカツチでないのが気になるが、

同じ種類だろうか。

古代に多く作られた埴輪の製作者は土師（はじ）と呼ばれた。全国に土師の大字は数か所現存するが、このうち広島県安芸高田市の土師は広島藩による地誌『芸藩通志（げいはんつうし）』によれば「土師姓の人の所領なりしか、又陶工の所居なるに因て、村名を得たるにや」とある。鳥取県智頭（ちづ）町にあるＪＲ因美（いんび）線土師駅は旧村名をとったものだが、所在地の大字は今も埴師（はにし）と称し、昔むかし当地に野見宿禰（のみのすくね）が滞在した際に里人に埴輪など「埴物（はにもの）」の製法を伝えたことに由来するという（『智頭郷土史』）。

陶器製作に関するものとして代表的なのがスエの地名である。陶（すえ）という字の地名は倉敷市玉島、山口県山口市、香川県綾川（あやかわ）町などにあっていずれも陶器生産地に由来するものだ。これらの土地からは実際に陶器を焼いた窯跡が発見されているので実にわかりやすい。ただし場合によってはその後の好字二字化で須恵・須江などの表記に改められたものもあり、これは字面を見てもわからない。

山口県山陽小野田市といえば小野田セメント（現太平洋セメント）の町として明治期から発展したところで、ＪＲ小野田線の南小野田駅は戦前にはセメント町（まち）駅と称した。この小野田の町も大正九年（一九二〇）に小野田町が誕生する以前は須恵村と称していた。セメントの原料となる石灰は当初福岡県の企救（きく）半島（現北九州市門司区）に求めていたが、同じく須恵村にできた日本舎密（せいみ）会社（通称硫酸会社・現日産化学）が作る硫酸

「須恵の容器、いわゆる硫酸壜は地元の土で作っていたので、近代に至るまで現役の「須恵（陶器）村」だったことになる。末（末村）という表記の地名は金沢市、福井市、京都府福知山市、兵庫県三田市、香川県さぬき市などに現存するが、多くが過去に須恵、須江などと表記され、陶器製作地に由来するという伝承がある。

丹生という地名も土に関するもので、丹は古くから朱漆や朱墨など赤い顔料を採る鉱物として知られた辰砂（硫化水銀）を指す。丹生の地名は山形県尾花沢市、群馬県富岡市、福井県美浜町、三重県多気町、滋賀県長浜市、奈良県下市町など多く、実際に辰砂を採ったとされる場所もあれば、単に赤い土に由来する地名もあるようだ。現代語で丹は死語に近く、頭が赤いことから命名された「丹頂鶴」などを除いては、ほぼ赤という言葉に統一されてしまった。

ちなみに北朝鮮国境に接した中国の丹東市はかつて安東と称したのだが、共産党では赤（丹）が善ということで一九六五年に改称されている。その翌年から「プロレタリア文化大革命」が始まったから、それを予告する狼煙のようなものだったのか。筆者もここを訪れたことがあるが、丹東駅前に置かれたまさに赤い巨大な毛沢東像は印象的だった。駅前広場では国境を接する北朝鮮の人が露店を並べていたものである。

鉄とタタラにちなむ地名

近世までの日本の伝統的な鉄の製造法といえば、タタラ製鉄であった。炉に入れた砂鉄を木炭火力で溶かすことにより鋼を作るもので、足踏み式のフイゴで送風して炉内の火力を上げる。そのフイゴをタタラと呼んだことから、この製鉄法の名となったらしい（異説もある）。

明治以降に西洋式高炉による生産方式が普及したことで大半が消滅したが、今でも島根県の奥出雲町ではその方式による製鉄が日本刀の製造を支えている。戦国時代の出雲を舞台にした「たたら侍」という映画も平成二九年（二〇一七）五月に公開され、この伝統的製鉄法が改めて脚光を浴びた。

タタラに関する地名は、栃木県市貝町の多田羅、山口県防府市および福岡市東区の多々良、京都府京田辺市の多々羅、兵庫県南あわじ市の鈩、長野市の鑪と字はさまざまだが、全国各地に分布している。それぞれ『角川日本地名大辞典』で調べてみると、福岡の多々良は「往昔鋳物を製する踏鑪があったことに由来するという」、京田辺市の多々羅は「当地に鍛冶を営むものが居住していたことによるといい」、南あわじ市の鈩は「踏鞴を意味し、製鉄に関係があるという説がある」、長野市の鑪は「もと鍛冶屋のあったことによると伝えられる」など、タタラ製鉄もしくは鍛冶屋由来を述べている。

しかしその一方で、防府市の多々良は「製鉄遺構がないことから製鉄のたたらに由来する地名ではないと考えられる。一説では韓人多々良氏の土着によるものともいう」、栃木県市貝町の多田羅は「延喜年間に河内久助（多田羅河内之助と同人物か）が蕪地［荒地］を開墾して土着し、一族とともに集落を営んだのが始まりと伝えられる」など、タタラ製鉄とは直接関係がないとされた地名もあるが、必ずしも無関係ではなさそうだ。

小字レベルの地名を探せば、鈩（岡山県美作市・広島市安佐北区・広島県三次市・山口県長門市）、鈩野（岩手県花巻市）、鈩沢（群馬県藤岡市）、大鈩（静岡県駿河区）、鈩原（島根県雲南市、同邑南町・広島県庄原市）、鈩谷（島根県美郷町）、鈩崎（山口県萩市）、鈩口（鹿児島県日置市）、鈩迫（同南さつま市）、多々良（山口県下関市・福岡県八女市・佐賀県伊万里市・同武雄市・熊本県大津町・同西原村）、多々良町（熊本県水俣市）、多々良石（山口県萩市・鹿児島県伊佐市）、多々良木（兵庫県朝来市・大分県日田市）、東多々良（熊本県天草市）など例は多いが、タタラ製鉄の分布通り西日本に多い印象だ。

製品の「鉄」のつく地名ももちろん存在する。たとえばクロガネと読むものに横浜市青葉区の鉄町（桐蔭学園の所在地）、岡山市東区の鉄があり、このうち後者は『赤磐郡誌』で「古来鉄を産出したことによる」と製鉄に関する地名であることが示されてい

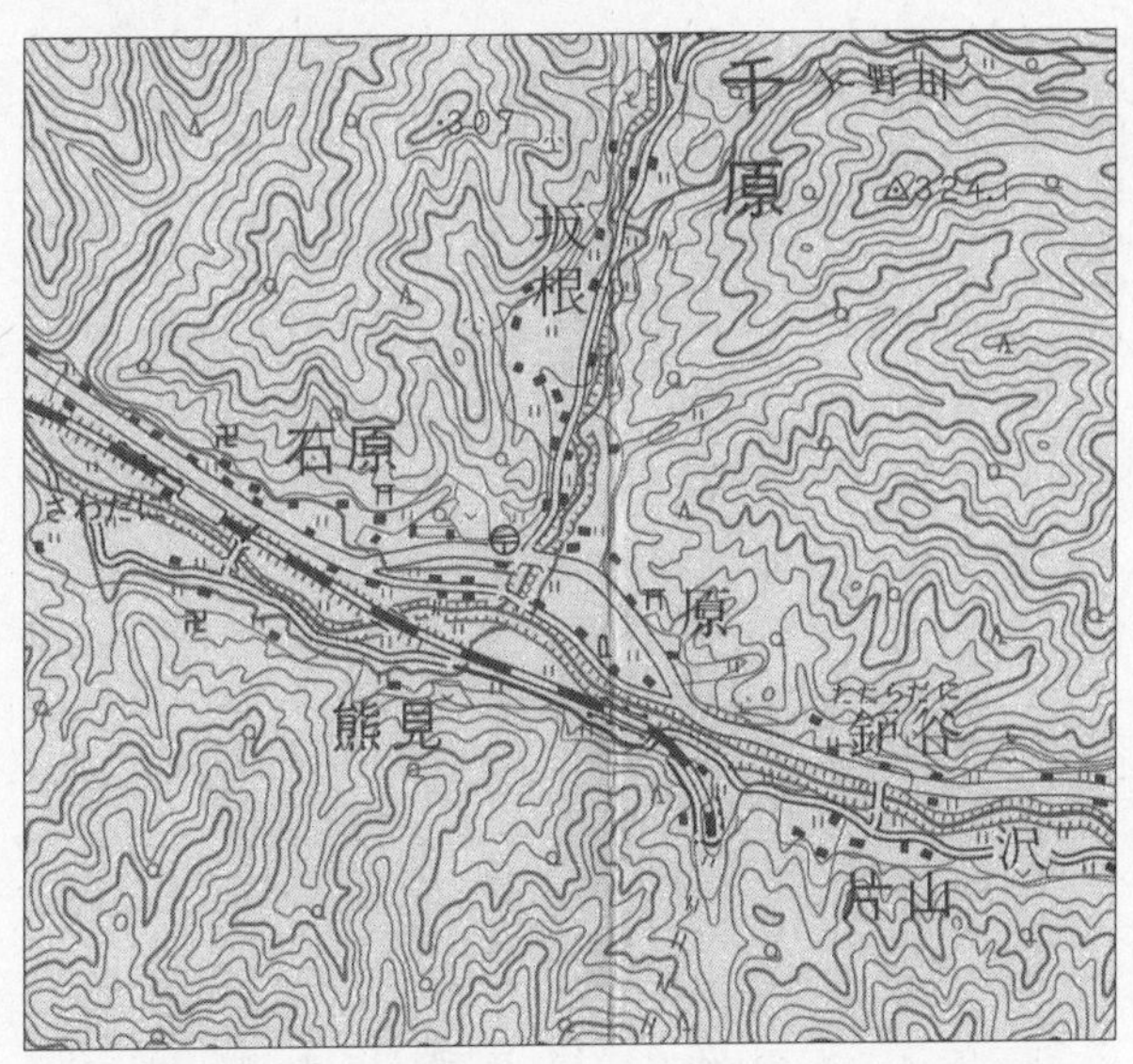

図４　鉄とタタラにちなむ地名
中国山地に多いタタラ地名の一例、島根県美郷町の鈩谷。図に見える三江線は平成30年に廃止された。１：50,000「三瓶山」平成８年修正

る。同じ岡山県の鉄山（かねやま）（真庭市（まにわし））は砂鉄が採れたことに由来するとされるが、その通り幕末からは砂鉄の大産地として発展した。ちなみにその北西側に聳える笹ヶ山もササが砂鉄を意味すると捉え、関連地名とする指摘もある。

同じ鉄山（てつざん）でも函館市の方は音読みで、湯の川温泉の奥に位置する旧銭亀（ぜにがめ）沢村（ざわむら）の山の中にあった。幕末の安政年間（一八五四〜六〇）にタタラ製鉄が行われ、その技術者を

鉄山師と呼んだことにちなむという。

砂鉄を採取する場所は鉄穴と呼ぶが、これも小字レベルの小地名には残っている。国土地理院のウェブ版「地理院地図」で「鉄穴」を検索すると、鉄穴内が鳥取県日南町、鉄穴谷が同町と島根県川本町、鉄穴ヶ原が同県邑南町、鉄穴原が広島県北広島町などと、見事に中国山地の奥の方に分布しているのは、この地方で盛んだったタタラ製鉄の痕跡地名としてわかりやすい。

タタラで用いるフイゴを「吹く」が福の字に転じたものもあり、一見して関係なさそうな「福つき地名」の一部は製鉄や製銅の関連地名という可能性もあるようだ。古代の部民としての伊福部氏は、製鉄技術者集団に起源を持つとされる豪族であった。因幡国（鳥取県東部）の一ノ宮・宇倍神社の第六七世にあたるのが、「交響譚詩」などの管弦楽作品や「ゴジラ」を代表とする映画音楽で知られる作曲家の伊福部昭氏である。

この伊福部氏が住んだ場所が伊福という地名で、現役の大字レベルでは全国に四か所のみではあるが、岡山市北区および愛知県あま市（旧七宝町）の伊福は地名辞典にも「伊福部氏の居住地」と明記されている。また佐賀・長崎県境に聳える多良岳（標高九九六メートル）もタタラとの関連が指摘される山だが、その山塊から流れ出る伊福川と有明海に面した伊福の集落（佐賀県太良町）が無関係とは思えない。

宮崎駿監督のアニメ「もののけ姫」で描かれたタタラを踏む女たちの姿は、多くの人に強い印象を残した。彼女たちが活躍した山野は、おそらく大半が自然に戻っているが、それでもわずかに残った小地名は、幻となったかつての山中の製造業の殷賑（いんしん）を思い起こさせてくれる。

人工の山――塚の地名

東海道本線の下り列車に乗って浜松駅を過ぎると、次は高塚駅である。その南側すぐ近くにこんもりと木々に覆われた熊野神社が鎮座し、そこに標高一〇メートルほどの小山がある。周囲が約三メートルなので比高わずか七メートルほどの小さなものだが、人工の山だそうだ。熊野神社に掲げられた由緒書きによれば、大略次のような物語が伝わっている。

紀州の熊野本宮（ほんぐう）の神主が諸国行脚の途中にここを訪れて祭祀したのが社の始まりで、創建年代は不詳とのこと。ある時この地の神主が「高い丘を作って人々を救え」という不思議な夢を見た。それを真面目に受け止め、村人とともに神社の裏山に土を盛り上げたところ、安政の大地震による津波が押し寄せたにもかかわらず、高塚の村人はここに避難して無事だったという。安政大地震といえば、江戸に大きな被害をもたらした安政

図５　人工の山―塚の地名
安政東海大地震の津波から村人を救った伝承がある浜松市の高塚。駅南西側の盛り土のある神社がそれ。1：25,000「浜松」昭和32年修正

元年（一八五四）の地震が知られているが、遠州なのでその翌年に南海トラフが動いた安政東海地震らしい。

もうひとつ記された説はまったく逆で、「大津波のため住んでいた人々がほとんど亡くなったため、村人がその犠牲者をこの地に葬って大量の砂をここに積んで高い塚を作った」ことによるという。後者の説は高塚の村が『遠江国風土記伝（とおとうみのくにふどきでん）』によれば以前は大墓村（おおはかむら）と称したことにも裏付けら

れているようだ。慶長期にはすでに高塚を名乗っているので、中世以前の別の津波なのだろう。どちらも本当なのかもしれないが、いずれにせよ空前の津波被害が出た東日本大震災の後で、この高塚はメディアに何度か取り上げられた。

ツカとは土を盛る意味の動詞ツク（築）が「情態言」となったツカ（塚）だ。現代語の未然形に似ているがそうではない。たとえばホル（掘る）→ホラ（洞）、ハル（墾）→ハラ（原）、ナフ（綯）→ナハ（縄）、ムル（群）→ムラ（村）という具合に地名として採用されていったのである。一方で「塚」という字の原義は「土を高く盛り上げた墓」を意味しており、その意味では高塚村がかつて大墓村と称したのも頷ける。

塚の付く地名は古墳を指したケースが目立つが、塚地名で最も多いのは大塚かもしれない。多摩モノレールの「大塚・帝京大学」という駅の所在地・八王子市大塚は実際に村の鎮守の大塚八幡神社が大塚日向古墳の上に建っていてわかりやすい。地形図でも等高線が丸い形で囲んでおり、ここの塚の高さは一二メートル程度はありそうだ。

東京都大田区の雪谷（ゆきがや）大塚町も東急池上線の雪が谷大塚駅があって知名度が高いが、調布大塚小学校のすぐ近くの雪谷大塚稲荷神社はやはり小さな古墳の上に祀られている。荏原古墳群の中では最も東に位置するという。さほどの高さはないため現在では市街地の中に埋もれてしまっているが、まだ宅地開発の波が及んでいなかった頃の昭和四年（一九二九）の地形図を見れば、等高線が一本追加されて「大塚」の文字が添えられていてわかりやすい。ここはかつて荏原郡東調布町大字鵜ノ木字大塚（鵜ノ木の飛び地）であったが、昭和七年（一九三二）に大森区に編入されてからは調布大塚町を名乗るようになった。これが住居表示による町名再編で同四五年から現在の雪谷大塚町となっている。

東京の山手線の大塚駅は最も有名な大塚地名かもしれないが、文京区の大塚は江戸時代からの地名（大塚町）だ。やはり「大きな塚に由来する」とされているが、具体的にどこを指すかは明らかではない。太田道灌が物見のために築いた七つの「物見塚」にちなむ説、水戸藩邸内の一里塚とする説などがあるという。今では大塚駅の北が豊島区北大塚、南が同じく南大塚でわかりやすいのはいいのだが、昔からの大塚は文京区大塚の方で、こうなると豊島区の方に塚があったと誤解されかねない。文京区大塚の北側に豊島区南大塚があるのも矛盾している。

この大塚駅が明治三六年（一九〇三）に開業した後にできた各地の大塚駅は混同防止のため地域呼称を冠しており、山手線の駅に近いものとしては新大塚（地下鉄丸ノ内線―こちらは本当に文京区大塚にある）、他には陸前大塚（仙石線・宮城県）、野州大塚（東武宇都宮線・栃木県）、南大塚（西武新宿線・埼玉県）、相模大塚（相模鉄道本線・神奈川県）、三河大塚（東海道本線・愛知県）、朝日大塚（近江鉄道本線・滋賀県）などがある。

古墳のメッカである畿内では塚の地名の密度がさらに濃いと思いきや、特に古墳が集中している大阪府羽曳野市や藤井寺市、奈良県橿原市、天理市、明日香村などに塚の地名は見当たらない（大字・町名レベル）。地名というものはある地域を他と識別する機能を持っているため、あまりに塚が多すぎると、それが機能しないからではないだろうか。ただし高松塚古墳、黒塚古墳、大鳥塚古墳、峯ヶ塚古墳など古墳の呼称としては枚挙にいとまがない。

何が埋まっているか気になる塚としては有名な宝塚があり、これは村にある塚の前で物を拾うと幸せになるとされたから、という説もあるが塚そのものは古墳らしい。新潟県新発田市には金塚（かなづか）という地名があり、羽越本線の駅名にもなっているが、これはクセモノだ。実は明治二二年（一八八九）に合併でできた村名で、鉄鉱石を掘った金山村とシジミの貝塚が出た貝塚村を合成した人工的地名である。このために埋蔵金でもありそうな地名となってしまった。まるで地名の錬金術（れんきんじゅつ）。

魚の地名

ある回転寿司屋の湯呑みを手に取ったら「魚偏の字」がズラリと印刷されていた。鮭（さけ）、鱒（ます）、鮎（あゆ）、鰛（いわし）、鯖（さば）などずいぶん種類があるものだと箸を休めつつ眺めたものである。日本は四方を海に囲まれているので古くから漁業が盛んで、魚は重要なタンパク源としてこの列島の暮らしを支えてきた。

生活に密着しているだけあって、魚に関連する地名は多い。ざっと調べてみると、まずは駅名にもなっている兵庫県明石市の魚住（うおずみ）。地名としては万葉集にも出てくる「名寸隅（なきすみ）」から転じたという。ナは食用の魚を表わす古語でもあるが、変化の過程を理解するのは難しい。反対に魚が住まないのが青森県五所川原市の不魚住（うおすまず）。津軽平野を滔々（とうとう）と流れる岩木川の岸に面した町にもかかわらずこの地名。由来が気になって現地へ行ったついでに地元の人に尋ねたが、どなたもご存知でなかった。

魚の付く地名はかなり多く、市名だけでも魚津（うおづ）市（富山県）、糸魚川（いといかわ）市・魚沼市・南魚沼市（いずれも新潟県）などが揃っているし、市の中の町名としてはさらに多い。たとえば江戸期以来の魚屋町は岐阜市・大垣市・可児市（岐阜県）、近江八幡市（滋賀県）、京都市、奈良市、岸和田市（大阪府）、篠山（ささやま）市（兵庫県）、丸亀市（香川県）、柳川市（福岡県）、熊本市などなぜか西日本に多い。ただし読み方は現代語的なサカナヤではなくてウオヤ（マチ・チョウは所によって異なる）。特に近江八幡市の魚屋町は「うわいちょう」と転訛している。

個別の魚にちなむ地名を挙げてみると、まず青魚では鯖（さば）の地名。市名では眼鏡フレーム製造の街として有名な福井県鯖江市があるが、地名の由来ははっきりせず何かの当て字らしい。県内にはかつて鯖波（さばなみ）という駅も同じ北陸本線にあったが、自治体名に合わせて南条に改称されて久しい（現在は南越前町）。家々の軒先にサハ（「多い」の古語）にアミ（網）が干してあったことから、魚がよく獲れる村だったとされている。サバはなくても川魚は豊富だったようだ。青森県大鰐（おおわに）町には鯖石（さばいし）駅（弘南（こうなん）鉄道大鰐線）がある。

青森県といえば西津軽郡の鰺ヶ沢町（あじがさわまち）（JR五能線に鰺ヶ沢駅）という港町があるが、同町ホームページによれば江戸時代から漁業が盛んで、明治期にはニシンやイワシの大漁が続いたという記載がある。惜しいことにアジが捕れたかどうかには言及していない。『角川日本地名大辞典』によれば「地名の由来は、芦ヶ沢（あしがさわ）からの転訛が有力」というから脱力する。植物地名が魚地名に簡単に転じてしまうところが日本の「当て字文化」だ。

ニシンといえば北海道日本海側の各地に残る「鰊御殿（にしんごてん）」で知られるように明治期に大いに獲れて地元を活気づけたが、鰊の付く地名はきわめて少なく、国土地理院の地形図に載っているものとしては利尻島の利尻富士町にある鰊泊（にしんどまり）だけだ。古くはアイヌ語に基づくニチトマリ（海岸まで木の茂る澗〔港〕）、ネッケントマリ（流木で〔のために〕悪い港）などと表記されていたものが後に鰊泊となったもので、鰊の景気にあやかろうとしたのかもしれない。

鮭の地名は北海道に多いかと思えば一か所もなく、山形県新庄市の北に隣接する鮭川（さけがわ）

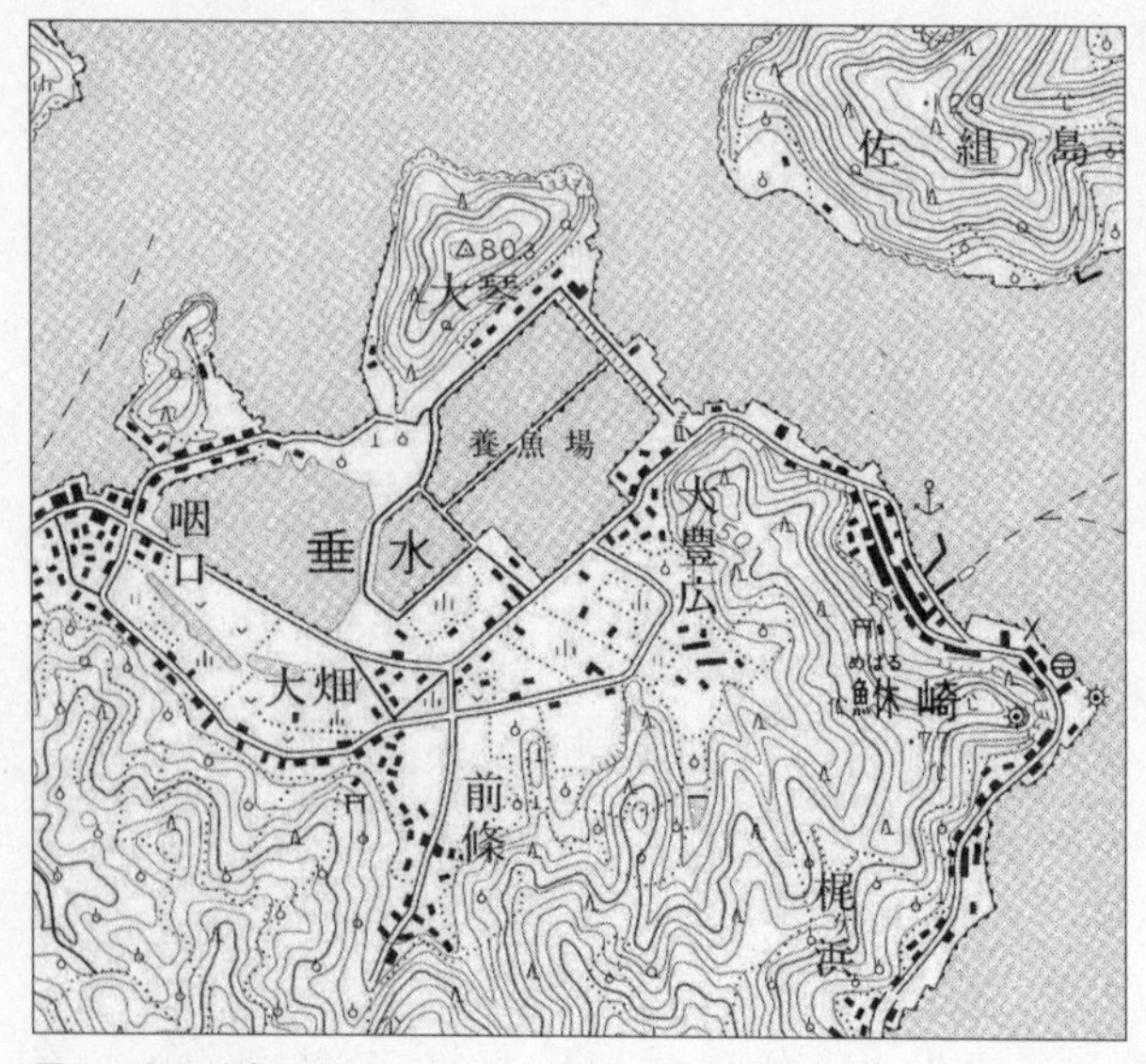

図６　魚の地名
広島県大崎上島の鮴崎（めばるざき）はメバルの好漁場にちなむとされる。西側の養魚場は塩田跡地。１：25,000「白水」昭和62年修正

村（むら）の他は全国でも数か所という少数派。この村は明治二二年（一八八九）の町村制施行で誕生したもので、村内を流れる最上川の支流・鮭川にちなむが、文字通りサケ、マス、アユなどが多いという。同類の鱒の地名も意外に少なく、北海道網走市内には鱒浦（ますうら）がある。ここは利尻の鰊泊と違って幕末期に漁場請負人の藤野家が実際にサケ・マス漁業を始めたことにちなむという。元はオビオショップ（於将府（おしょっぷ）と表記）

というアイヌ語地名であったが、昭和一三年（一九三八）に正式に鱒浦と改称された。

川魚では鯉川という地名が秋田県三種町（奥羽本線鯉川駅）、福井県小浜市、東京都あきる野市にある。ただし鯉は恋の字とともに「崩壊地名」にもよく当てられる字だから鯉とは関係ないかもしれない。変わり種は京都市中京区の鯉山町で、ここは滝登りする鯉の勇姿を表わした山鉾を祇園会に出すことにちなむ。鮒の地名としては秋田県能代市（旧二ツ井町）の仁鮒。由来はこれも鮒とは無関係らしく、アイヌ語のニフニ（木のある場所）の転訛説、木を荷舟で川下りしたという説などがあるそうだ。運ばれた木は江戸期から知られる秋田杉である。熊本県嘉島町にはズバリ鯰という地名。かつて熊延鉄道に鯰駅もあった。地名の由来は「阿蘇の神霊池の主であった大鯰が流れ出て当地にとどまったことにちなむ」という説があるそうで、実は熊本地震（平成二八年）の震源地も近い。

難読の地名としては秋田県男鹿市の鮪川。しかし鮪の魚がマグロと呼ばれるようになったのは江戸中期以降だそうで、以前はこの地名と同じくシビと呼んだ。秋田県能代市の東能代駅の所在地、鰄渕は知らなければ読めない地名だろう。鰄はサメ類の背の中央部分の皮で、これを刀の鞘や柄などの装飾に用いた。なぜそれが地名なのかは不明だが、ひょっとしてアイヌ語の音に当てたのだろうか。しかも鰄張りの高級品イメージを狙った用字かもしれない。地名は魚の古語も長らく「冷凍保存」してくれる。

港に由来する地名

日本の国内貨物輸送における水運のシェアをご存知だろうか。貨物の重さと距離を掛け合わせた「トンキロ」という指標によれば、約四四パーセント（平成二六年度）を内航海運が担っている。残りは自動車が五一パーセント、鉄道が五パーセント、航空〇・三パーセントという具合だ。もちろん国際貿易を除外した、発着地とも日本国内に限ってこの数字であり、ふだん高速道路を走るおびただしいトラック群を見ている目にはにわかに信じられないかもしれないが、これは国際的に比較してもかなり高い数値だ。列島とその他多数の島嶼（とうしょ）で構成されているこの国の地理的条件により、その大半のエリアで海運の恩恵を受けていることがよくわかる。

江戸時代に遡った統計（推計値）があるのかどうか門外漢なので知らないが、当然ながらトラックなど存在しなかった時代でもあり、水運のシェアは現在よりさらに高かったことは間違いない。年貢米などを運ぶにも、少しでも大きな川があれば船で運び、海に出れば大きな船に積み替えたのである。東京の近代工業が本所や深川で最初に発展したのも、江戸期の運河が縦横に通じていたからだ。

さて、船が着く場所は港であるが、ミナトという言葉は水（ミナ＝水の）＋門・処（ト）に由来するとされ、当然ながらミナトの付く地名は多い。漢字では港と湊が用いられるが、現代語で港湾一般を指すのが港の字であるのに対して、ミナトの地名として古くから多く用いられてきたのは湊で、港町という町名を除けば古くからの地名は湊の方が多いだろう。

平成の大合併までは湊の付く市が二つあった。茨城県の那珂（なか）湊市（現ひたちなか市）と富山県新湊（しんみなと）市（現射水（いみず）市）である。那珂湊の方は昭和一四年（一九三九）に湊町が那珂湊町に改称して以来の自治体名で、その名の通り那珂川の河口港で、那珂郡の港でもあった。それ以南に続く砂浜の長い鹿島灘が航海の難所であったことから、ここで貨物を陸へ揚げて巴（ともえ）川や北浦などを経由して江戸へ運ぶルートの要としても発展したという。一方で新湊は明治四年（一八七一）に放生津（ほうじょうづ）町その他の合併により誕生した文字通り新しい地名で、平成一七年（二〇〇五）に射水市の一部となった。

鉄道の駅になった湊の地名としては、青森県に大湊と小湊がある。大湊は陸奥湾に面したむつ市の地区名で、明治三五年（一九〇二）に大湊水雷部が設置されて以来、海軍の要港部も置かれた湾奥の要地で、現在も海上自衛隊が駐屯している。ここに至るＪＲ線が大湊線だ。同じ県内の小湊は陸奥湾の南岸を走る青い森鉄道（旧東北本線）の沿線で、昭和三〇年（一九五五）までは独立した自治体の東津軽郡小湊町であった。

その駅があったために「安房小湊（あわこみなと）」と駅名を区別した千葉県の方もやはり小湊町で、隣の天津（あまつ）町と合併して天津小湊町を名乗っていたが、現在は鴨川市の一部となっている。日蓮生誕の地として知られており、山を越えてここまで来るつもりだった市原市・五井駅から南下するローカル私鉄は未到の目的地を名乗る小湊鐵道で、途中の上総（かずさ）中野で止まったままである。

単に湊と称する地名も全国に数多いが、このうち佐渡島の湊は歴史が古く、江戸期には金銀の鉱山を控えていたことから人も多く集まって繁昌した。町は両津湾と加茂湖を距てる南側の砂洲の上に載っているが、北側の砂洲上にあるのが夷（えびす）という港町である。明治三四年（一九〇一）には湊と夷の両方の港町＝津が合併したことにより「両津（りょうつ）」という新しい町名が誕生、両津市となるまで長く続いたが（両津市湊、両津市夷と区別）、平成一六年（二〇〇四）には佐渡全島を大合併して佐渡市両津湊、両津夷となった。

津といえばミナトを意味する古い言葉で、津のつく地名も多い。県庁所在地になった三重県の津市と滋賀県の大津市はいずれも歴史の古い港町である。合併で新潟市の一部となった新津は内陸であるが、津の地名は必ずしも海の港とは限らず、この場合は河港だ。奇しくも信越本線で隣の駅である古津（ふるつ）に対して新しい港ということから付いた地名である。津でも湊でも、どんな港かを形容する語が頭に冠せられることが多いが、ある地方を代表する港という意味で郡名を冠した地名もある。

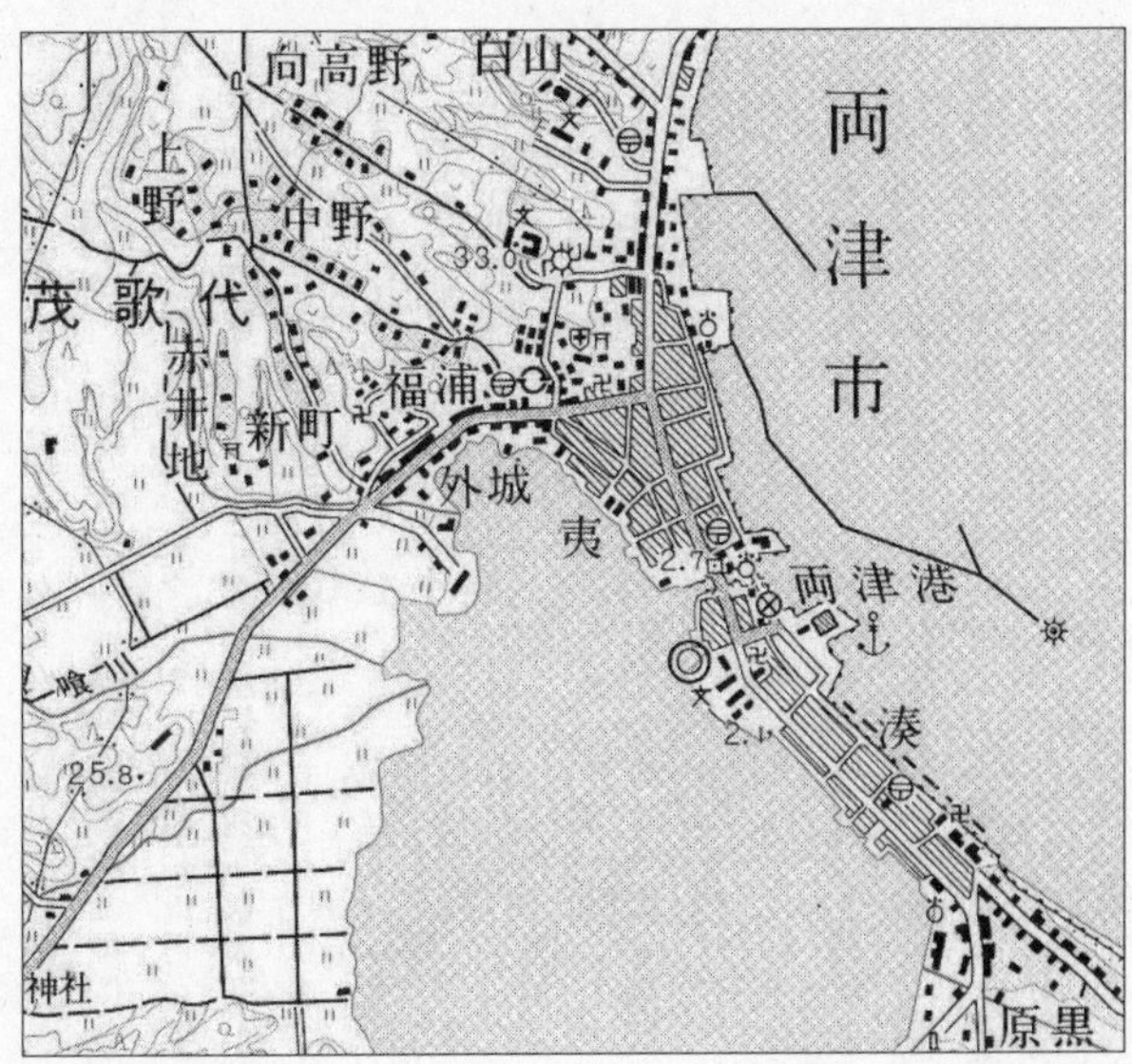

図7　港に由来する地名
夷（えびす）と湊（みなと）という佐渡の２つの港が合体して誕生したのが「両津」の地名（現佐渡市）。1：50,000「両津」昭和54年修正

たとえば三重県庁のある津市はかつては安濃津(あのつ)と呼ばれていたが、これは安濃郡の港の意であったし、香川県では鵜足(うた)郡の港である宇多津(うたづ)（鵜足津、宇足津とも表記した。現宇多津町）、多度(たど)郡の港の多度津(たどつ)（現多度津町）が七キロほどで近接している。ただし明治三二年（一八九九）に行われた郡の統合によって鵜足郡は阿野(あや)郡と合併して綾歌(あやうた)郡、多度郡は那珂(なか)郡と合併して仲(なか)多度郡となったので「郡を代表する

港」を連想できなくなって久しいけれど。

物産と結びついた津もある。琵琶湖北岸に位置する塩津（湖西線近江塩津駅がある）は平安期から見える古い地名だが、これは北陸で産した塩を山越えして運び、ここから琵琶湖を船で運ぶ積出港であったし、愛媛県大洲市の米津は肱川の河港で、米の搬出港であることにちなむ地名という。

月と太陽の地名

「↑月　3㎞」という案内標識があるそうだ。静岡県浜松市天竜区の中心・二俣の市街から天竜川を少し遡ったあたり。あと三キロで月へ行けるというのだから不思議なものである。無粋なことを言えば、もちろん月という集落に至る道路に掲げられたものであるが、さてどんな由来があるのだろうか。集落は船明ダム（難読地名！）に堰き止められた天竜川の水面に面した急斜面に位置するが、現地には月の地名を解説する、まさに三日月型の石碑があるそうで、その写真画像は「ウィキペディア」にも載っている。

これによれば、南北朝期に楠氏に仕えた鈴木左京之進とその一族一二人がここへ落ち延びた。左京之進は「楠正成の心の清らかさは月のようで、われらの心の在り方を地名に残そう」と命名したとする説が、もうひとつの異説とともに紹介されている。『角川日本地名大辞典』によれば、当地の名主は代々鈴木家が世襲しているそうだから、まさに命名した一族ということになろうか。

月という大字レベルの地名（江戸期までの村）は実はもう一か所あるが、浜松市の月からは北西へ直線距離で二二キロほど入った山の中にある。こちらは隣の愛知県北設楽郡の東栄町で、やはり川に面した御殿山（七九〇メートル）の南斜面だ。この山名はある高貴な人の館「月の御殿」に由来するとの伝承もあるが、中腹には槻神社があることから、ケヤキの一種を意味する槻にちなむものかもしれないし、あるいは月にも槻にもまったく関係ない、たとえば地形を表現した古語であるかもしれない。浜松市の月の左京之進さんには申し訳ないが、地名に文字が当てられた途端に、文字に付会した物語が史実とは別に湧くように出来上がってしまうところは、さすが言霊の国・日本である。

浜松市の月に戻るが、そこから五キロほど川沿いに下ると日明という地名に至る。これで「ひあり」はまず読めない。天竜川流域の材木を一本ずつ管流し（後に筏流し）していた時代に、日明で陸揚げしていたのだが、その「御綱場役」を月の村もつとめたというから、月と日明が偶然の一致や無関係とも思えないが、だからといって推論はそこから先へなかなか進まないのも、当て字の多い日本の地名の難しさゆえだろう。

月の地名としてマニアの間で知られているのは、茨城県稲敷市（旧江戸崎町）の月出里。知らなければ逆立ちしても読めないが、『日本地名ルーツ辞典』（創拓社）で丹羽基二さんが解説するところによれば、「スダチは巣立ちで、月が天に昇る姿をいう。当地は平野で、その美しさがよく見えたので「巣立ちの月出の里」といったものが、「月出」だけでスダチと訓んだ。古くからある枕詞風の訓み方である」としている。万葉集に「飛ぶ鳥の明日香……」という歌がいくつもあるように、「飛ぶ鳥の」は明日香にかかる枕詞で、その字がアスカに乗り移ったという考え方だ。

他にも月が出る地名としては、そのまま「つきで」と読む地名が千葉県市原市、三重県松阪市（旧飯高町）、滋賀県長浜市（旧西浅井町）、熊本県熊本市にあるが、難読なのは大分県日田市の月出山という地名。月出山岳（六七八メートル）という山の南西麓に位置するのだが、『角川日本地名大辞典』によれば「日田盆地からの月の出は、この山から登ることからこの字が当てられたものだろう」としている。ところがなぜカントウと読むのかには言及していない。日田から見てこの山が江戸―関東の方角だから、という苦しげな説もあるようだが、いかにも嘘っぽい。日田から見ればほぼ真東なのだから、素直に名付ければ日ノ出山である。思えば月出山でカントウと読み、それに岳が付いて屋上屋を架す形も謎だ。

日という地名もある。長野県東筑摩郡の麻績村で、JR篠ノ井線聖高原駅の所在地であるが、意外に新しくて昭和三一年（一九五六）からの大字である。かつては日向村と

図8　月と太陽の地名
大分県の月出山（かんとう）岳。西の日田から見てカントウ（関東）の方角からという珍説も。1：50,000「森」平成8年要部修正

称したが、同年に麻績村と合併して大字の名が日だけとなった。合併による「痛み分け」ということか、旧麻績村は麻。どちらも略称のような地名になってしまったのであるが、元は日向村も明治八年（一八七五）に上井堀村、桑山村、桑関村、高村の四村合併で誕生したものだ。長野県はこの年の行政区画の変化が著しい。

普通名詞では使用頻度が高いのに、地名では珍しいのが「太陽」である。

北海道新冠町（にいかっぷちょう）にはそのものズバリの太陽という地名があり、これはブンカワと称した地区を昭和二九年（一九五四）に改称したものだ。戦後に旧満洲などから引き揚げてきた開拓団が入植した。住民は大陸でさぞ大変な思いをされただろうから、切実な瑞祥地名と言えそうだ。

他に太陽の付く地名といえば金沢市の浅野川沿いにある太陽が丘、宇都宮市の中心から一〇キロ北に位置する太陽ケ丘団地ぐらいしか存在しない。いずれも新興住宅地である。これは月見台・月見町などの多さとは対照的だ。それでも日ノ出町（日の出町）など朝方の地名は多いから、日中に照りつける「灼熱の太陽」のイメージを避けたい気持ちの表われなのかもしれない。

海の地名

日本海という海の名前は、日本ではごく普通に語られ、時に歌われてきた。しかし同じ海に面した韓国では、この海のことを東海（トンヘ）と呼んでいる。海図でこれを記載する場合には、多くの国が古くから用いてきた呼称であることから国際水路機関（ＩＨＯ）が「Japan Sea」を採用しているが、韓国が以前からこれに異議を唱えているのは周知の通りだ。

　これに関しては両国があまり角を突き合わさないでもらいたいけれど、一般に海の呼び名は、山川などと同様に地域で異なることが珍しくない。日本海という呼称は、最初にマテオ・リッチ（イエズス会司祭）が一六〇二年に「坤輿（こんよ）万国全図」という世界地図に記し、その後はロシア海軍のクルーゼンシュテルン提督が一八一五年刊行の海図に記載した頃から定着し始めたというから、おそらく日本海というのはその訳語であろう。

　江戸期にはむしろ太平洋に「日本海」と書かれた地図さえ存在するが、日本人の間では広域呼称として現在の日本海を北海（ほっかい）と呼んでいた。考えてみれば江戸期の市井の人たちにとって、入り海などで区別すべき場合を除けば、目の前の海はただ「海」と呼べば足りたはずである。

　韓国の主張する東海に関連して言えば、中国でいう東海（トンハイ）（東中国海とも）は日本の東シナ海で、その中国の東海を韓国では南海（ナムヘ）と呼んでいる。ついでながらドイツではバルト海のことを東海〈Ostsee（オストゼー）〉と呼び、東岸に位置するバルト三国の最北に位置するエストニアはこの海を西海〈Läänemeri（ラーネメリ）〉と呼ぶように、東西南北はやはり相対的なものでしかない。

　さて、ぐっと小さい海域に目を移してみよう。東京湾はその名称から江戸が東京になって以後の呼び名であることがわかる。幕末に外国船が立ち寄るようになって江戸湾という記述が出現するが、寿司で有名な「江戸前」は純粋な日本語だ。これは江戸前の海の漁場で獲れた魚を指すのが一般的であるが、昔は海に明確な線引きがあったわけでもなく、もちろん現在の東京湾全体を指すわけではない。

東京湾の旧称としては袖ヶ浦（そでがうら）が知られている。現在では千葉県の袖ケ浦市があり、陸運局の「袖ケ浦ナンバー」もあって知名度は高い。そのために現在では陸上の限定された地名として認識されているようだが、かつては千葉県の浦安から富津（ふっつ）岬あたりまでの海岸部の古称であった（袖師ヶ浦（そでしがうら）とも）。地名事典にはそう定義されているものの、江戸期には東京都側にあたる芝浦（港区）の通称としても用いられたというから、範囲はそれほど明確ではない。由来は「浜の形が袖に似ている」というが、袖のどこの部分なのだろうか。

ついでながらイギリス海峡（ドーヴァー海峡を含む広域）はフランス語で〈La Manche（マンシュ）〉（袖）と称しており、これも衣服の袖に由来するというから、弧を描いた湾を袖に見立てるのは洋の東西で共通しているのだろうか。ちなみに袖ケ浦市の海岸線は完全に埋め立てられて工業地帯と化しているため、かつて巨大な干潟が広がっていた遠浅の海は見られない。大阪湾もかつては摂津灘、和泉灘などと沿岸の国名をとって呼ばれていたが、湾全体の旧称としては茅渟海（ちぬのうみ）という呼び名もある。明治期の地形図にはこの名が併記されているので、ある程度広く呼ばれていたようだ。

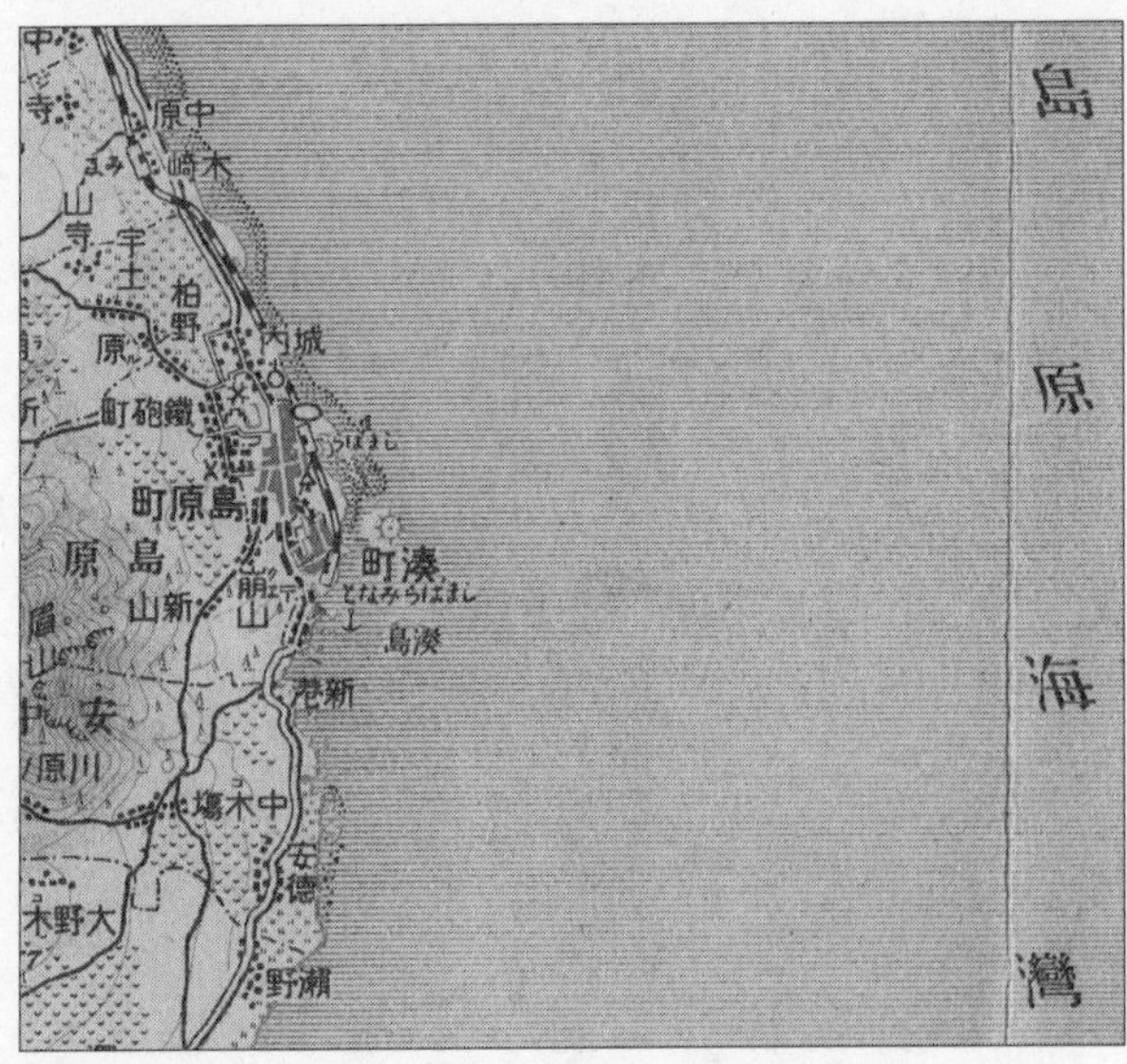

図9　海の地名
有明海の南部・島原湾はかつて「島原海湾」と記され、これは昭和30年代まで続いた。１：200,000帝国図「熊本」昭和６年鉄道補入

九州の有明海は、現在の国土地理院発行の地図では奥にあたる北側が有明海とあるのに対して、南側では島原湾と記されている。海が開いた方を「湾」と呼ぶのは違和感もあるが、ずっと昔の明治三五年（一九〇二）の二〇万分の一輯製図（しゅうせいず）を確認してみたら、北側が「筑紫海（つくしかい）」、南は「島原海湾（しまばらかいわん）」となっていた。筑紫は七世紀末までの時代に筑前と筑後に分かれる以前の国名である。高度成長期には島原半島と熊本

県の宇土半島を結ぶ堰堤を作って淡水湖にしてしまう大胆な構想もあったが、そうなれば有明湖とでも名付けるつもりだったのだろうか。

さて、陸上の地名が東京都―千代田区―大手町といった階層構造を持つのと同様に自然地名にもそれが該当することはあまり認識されていない。たとえば富士山という山も、その頂上付近には剣ヶ峯(最高地点三七七五・五メートル)やその北側の白山岳(三七五六・二メートル)など個別のピークがいくつかあり、それらの総称が富士山である。

海の場合も同様で、リアス海岸では湾の中の湾が目立つ。たとえば福井県から京都府にかけて広がる若狭湾は、東から敦賀湾、美浜湾、矢代湾、小浜湾、高浜湾、内浦湾、舞鶴湾、栗田湾、宮津湾といった小さな湾を多く抱えている。

凹凸がそれほどでもない東京湾の中にもいくつかの湾は存在するが、横浜の南方にある根岸湾もそのひとつだ。今の二万五千分の一地形図には記されていないが、別名を磯子湾ともいう。幕末にペリーが来航した際の蒸気船ミシシッピにちなんで、外国船員たちの間ではミシシッピ湾などとも呼ばれ、海図にもそのように書かれていたそうだ。ついでながらこの湾を区切る北側の本牧岬は Treaty Point(条約岬)などと名付けられた。世界最高峰にインド測量局長官の英国人ジョージ・エヴェレストの名を付ける類の、当時あちこちで「不平等条約」を押し付けていた欧米人がいかにもやりそうな命名である。

第二章　特色ある地名

色のついた地名

熊本平野を流れる代表的な川といえば白川と緑川である。白川は阿蘇のカルデラを水源とする清流として知られ、政令指定都市の中でも最高水質とされる熊本市の水道に使われているので有名だ。『角川日本地名大辞典』によれば「多くの水源から湧出する清水を集め、岩を嚙んで流れ下る様子から名付けられたものと思われる」とあるように、清流からの連想らしい。

これに対して白川の第一の支流はその対極で黒川と呼ぶ。こちらは火山灰を含んだ濁水といった説もあるが、透き通った水だから底の岩盤が黒く見える、ということも考えられるのではないだろうか。一方で白川の南側を並行して流れる緑川は「濃い緑色をした深い淵の美しさ」に由来するという説があるそうだ。そもそも川の色は水質や川底の地質、または光線の加減などによって変化するので、色の形容も「客観的」というわけにはいかない。

色のついた地名といえば赤坂や青森、白河などすぐ思い浮かぶほど多いが、それでも山や川などが付かない純粋に「色だけの地名」は珍しい。たとえば赤という地名は大字

図10　色つきの地名
福岡県田川郡の赤村。左上に見える○印の村役場の北側には平成15年(2003) に「赤駅」が設置された。1：50,000「田川」平成２年修正

レベルでは山口県美祢(みね)市と福岡県田川郡赤村があり、後者は自治体名であり大字の地名でもある。平成筑豊鉄道には赤村役場のすぐ近くに赤駅が平成一五年（二〇〇三）に開業していて、赤村大字赤には赤小学校と赤中学校も揃う。ただし地名の由来といえば「吾勝山(あかつのやま)に吾勝命(あかつのみこと)が天降った」といった説があり、奈良時代には我鹿屯倉(あかのみやけ)と称した。鎌倉時代からは赤荘となり、以来ずっとこの字が使われているが、色の赤

とは関係ないのかもしれない。ちなみに赤という漢字は「火にあかあかと照らされた人」であり、本義としては赤いバラのような色ではなかった。強いて言えばオレンジ色に近いだろうか。

ついでながら、一字で色の名を表記する駅は他に紫駅（西鉄天神大牟田線）と緑駅（JR釧網本線）がある。このうち紫駅は西日本鉄道（西鉄）では最も新しい駅で、平成二二年（二〇一〇）の開業だ。所在地は市名にやはり紫の字を含む福岡県筑紫野市紫二丁目にあるが、地名そのものは中世まで遡り、由来は「異国より持ち帰った紫草を当地に初めて植えたことによる」と伝えられている。太宰府のすぐ近くでもあり、なるほど由緒ありそうな地名だ。ところが同じ紫という地名でも栃木県下野市の紫は、戦国時代までは「村崎」と表記していたのが、江戸期になって紫村と表記が変わっている。表記の変更は珍しくないから、ここの場合はルーツとしては村の先端だろうか。そうなると色とはまったく関係ない。

もうひとつの色の駅、緑駅は北海道清里町にあるが、かつては上札鶴（かみさつつる）と称したのを昭和三一年（一九五六）に改称した。駅名としては比較的新しいのだが、地元の地名もやはりその前年に上斜里（かみしゃり）の一部を分けて設定したものである。この時代でもあり、一種の流行かもしれない。政令指定都市に「緑区」のある市は、さいたま市、千葉市、横浜市、相模原市、名古屋市と五つもあり、東西南北や中央などを称する区の次に多いのではないだろうか。もちろん区名以前に緑町や緑ヶ丘などの町名は戦後の高度成長期に爆発的に増えており、この時期に進んでいた「緑の消滅」に反比例してこの言葉が人気を集めたことがわかる。

ただの「緑」を挙げてみると北海道小樽市・釧路市・倶知安町・稚内市、青森県青森市、茨城県守谷市、栃木県宇都宮市・下野市・那須塩原市、埼玉県北本市・久喜市・本庄市・千葉県我孫子市、東京都墨田区、神奈川県小田原市、長野県飯山市、岐阜県可児市、愛知県一宮市・蟹江町・豊川市、大阪市鶴見区、兵庫県南あわじ市、愛媛県愛南町と全国に及ぶが、なぜか北海道と関東にかなり集中しているのは興味深い。

このうち大半は戦後それも昭和四〇年代以降が多くを占めているが、古いものといえば江戸の頃からあった本所緑町（現墨田区緑）、明治八年（一八七五）からの小田原緑町（現小田原市緑）、大正四年（一九一五）からの小樽市緑町（現小樽市緑）に由来する緑だが、いずれも住居表示で「町」を外したものが目立つ。町でなかったのは愛媛県愛南町（旧城辺町）の緑で、ここは江戸時代から緑村と称し、現在は大字緑である。

近年いささか乱発気味の緑に比べて、ただの青という地名は大字レベルでは全国でわずかに一つしかない。若狭湾に面した福井県高浜町の青で、ＪＲ小浜線には青郷駅がある。この駅名は青の一帯を称した鎌倉時代からの郷名にちなむ行政村名を採用したものだ。残念ながらこちらも奈良時代には阿遠郷と字が異なる。もっとも古代には「好字二字」で表記する決まりがあったため、無理にその字が宛てられたのかもしれないが。ただの黒も大字としては全国に一か所のみ、大分県宇佐市の黒がある。伊呂波川という謎めいた名の川に沿った山間に広がる小さな集落だ。クロというのは畔に通じるので、この川の畔に由来している可能性はないだろうか。そういえば東京の目黒という地名も、目黒不動にちなむ説の他に、かつて馬の牧であったことからメ（馬）＋クロ（畔）に由来するという説がある。

木偏の地名

子供の頃に「木偏」とか「魚偏」のつく漢字をなるべく多く挙げる競争を、きっと多くの人が経験しているのではないだろうか。三分の二が木で覆われた日本にあっては、特に木偏の地名は多い印象だ。都道府県名では栃木県と島根県だけだが、それ以下の地名は実に多い。国内に二〇ある政令指定都市だけを見ても、札幌・横浜・相模原・浜松と四つある。ただし札や横など植物としての木とは関係ないものもあり、そうなるとここでは浜松だけだ。そんな類の「木偏地名」を探してみよう。

松は古来「縁起が良い」とされているので城名などとしても好まれ、実例も多い。たとえば島根県松江市（県名・県庁所在地名ともに木偏をもつ唯一の例）は現在の中国浙江省にある淞江に風景や産物が似ているとして、しかしサンズイを外して城名とした。愛媛県の松山市も、勝山という小山を中心に築いた城の城下町が後に松山と命名されている。香川県の高松市も古くこの地に大きな松の木があったことにちなむというが、そもそも松が「縁起もの」ゆえに優先的に選ばれた可能性が高い。

この他に松のつく市名としては松浦市（長崎）・松阪市（三重）・松戸市（千葉）・松原市（大阪）・松本市（長野）・東松山市（埼玉）・会津若松市（福島）・二本松市（福島）・下松市（山口）など数多く、これに町村を加えれば木偏のある自治体名として「松」は日本最多ではないだろうか。

かつては林業の主役としてこれまで大量に植えられた杉は、今や花粉症の元凶というマイナスイメージが先に立つかもしれないが、当然ながら杉のつく地名は多い。しかし自治体名としては松には遠く及ばず、杉並区（東京）と杉戸町（埼玉）くらいだろうか。駅名としては首都圏で人気急上昇中の武蔵小杉と「本家」富山県の小杉（あいの風とやま鉄道＝旧北陸本線）、京急本線の杉田と根岸線の新杉田（横浜市）、杉の大木から地名となった土讃線の大杉（高知県大豊町）、阪和線の杉本町（大阪市最南端の駅）などがある。

柏のつく市名は三つあって、千葉県柏市、新潟県柏崎市、大阪府柏原市。後者は似た発音で隣の奈良県に橿原市。カシワラとカシハラで聞き違いもあるだろうと思い、奈良県出身の知人に聞いてみたら「どっちもカッシャラやな」と片付けられたことがある。橿原市の橿の字はあまり見かけない字だが、一般的なカシの木に用いる「樫」と同じらしい。ただし樫の方は「堅い木」という発想で作られた国字だ。魚の仲間でも鰯（国字）と鰮がどちらもイワシであるのと同様、同じ木なのに違う文字はけっこう多い。楠と樟、杉と椙などがそうだ。ちなみに橿の字は他に石川県珠洲市宝立町橿原と福島県喜多方市橿野のみなのに対して、樫の字ははるかに多い。樫原、樫山、樫尾、樫村など種類はさまざまだが西日本に多い。京都市西区の樫原（阪急桂駅の南西方）はカタギハラと読む難読形だ。なるほどカタギ＝堅い木である。

カシ、カシワはどちらもドングリのなる木だが、椎（シイ）、楢（ナラ）も同様で、身近な木であるためか地名も多い。椎のつく地名はほぼ福島県以南の本州から九州までに分布しており、特に九州は密度が高い印象だ。宮崎県の椎葉などが代表例だろうか。姓にも多い椎名という地名は西武池袋線の椎名町駅で知られたが、帝国銀行椎名町支店で昭和二三年（一九四八）に大量毒殺の「帝銀事件」が起こり、その悪いイメージが祟って昭和四一年（一九六六）に町名を南長崎などに変えられてしまった。地名に罪はないのだが……。楢のつく地名も多く、楢原が全国一〇か所以上を数えるし、深沢七郎の小説『楢山節考』の楢山もいくつか存在する。楢の地名はどちらかといえば比較的東北

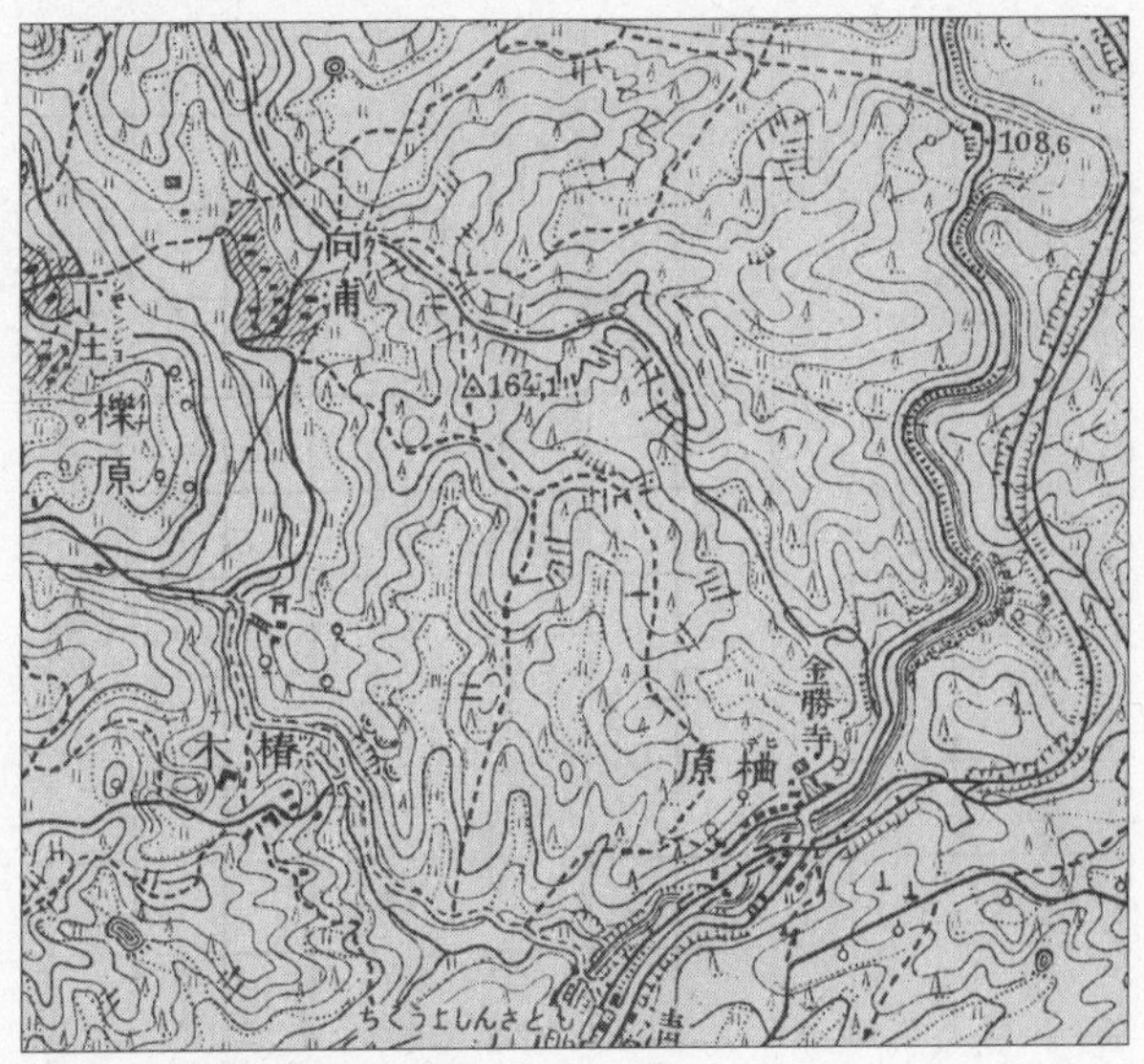

図11　木篇の地名
生駒山地東側の奈良県平群町椣原（しではら）と櫟原（いちはら）。ルビに「ひではら」の地方訓。1：25,000「信貴山」昭和2年鉄道補入

地方に多いのはなぜだろう。実際の樹木と地名分布の対応関係は興味深い。

日常的にあまり馴染みのない木だと一気に難読地名になる。たとえば樒(しきみ)原(がはら)という地名。京都市右京区、愛宕山の北側に位置する小盆地にあるが、仏前に供えるシキミが一帯に生えていたことから命名された地名とされ、実際に近くの愛宕神社では神事に榊(さかき)でなく樒を使うという。地元で調達できるからだろうか。国土地理院のネット地図（地

理院地図）で検索しても、この場所の他には岐阜県揖斐川町の樒平という地名、徳島県の樒谷川の二例しか見つからない。シキビは地方訓である。

椣はさらに難読だ。正解が「シデ」だと言われても姿さえ想像できない人が私を含めて多いのではないだろうか。カバノキ科に属する広葉樹で、地名としては検索する限り奈良県平群町の椣原のみ。実に貴重な存在だが、昭和の終わり頃から新興住宅地のエリアが緑ヶ丘や菊美台などに変わって面積が減ったのは残念だ。ついでながら、隣にはこれも難読の櫟原が並んでいる。イチイの木が自生していたのが由来とされるが、字に引きずられた説かもしれない。イチイは一位とも表記され、櫟原もかつては一原村と書かれたことがある。櫟のつく地名は滋賀県以西のみだが意外に多い印象で、奈良県のJR桜井線には全国でただひとつ「櫟」のつく駅、櫟本駅（天理市櫟本町）がある。この地名も古くは一本、市本などと書いた。

武器の地名

四七都道府県の中に「武器にちなむ地名」がある。これは意外に知られていないが、正解は兵庫県だ。今の県の領域は神戸や西宮などの位置する摂津国をはじめ、北から但馬（たじま）、丹波、播磨、淡路、美作（ごく一部）。それに戦後に境界変更で加わった備前（赤穂市の西側）の七か国にまたがっているが、県名になった兵庫の地名はもちろん神戸市兵庫区のエリアである。古代にはこれを「つわものぐら」と読み、現代語で言えばまさに武器庫だ。改めて兵庫付近の地形を見れば、西側に播磨との国境の険しい山を控えた交通の要衝（源平合戦の地・一ノ谷もここ）が控え、須磨の関所の手前に武器庫が置かれたのは必然であった。

武器庫の字面で連想されるのが、近くの武庫川や武庫郡のムコという地名であるが、これは武器庫と関係があるというわけではなく、ムコの地名に字を当てたとされている。神戸の北に聳える六甲山も江戸期までは武庫山と表記されることが多く、その別の表記の六甲（ムコと読んだ）が後に音読みの「ロッコウ」と発音されるようになったという。

さて、近世までの武器の代表格といえば弓矢だろうか。矢を発射させるために弾力のある木を撓めるのが弓であるが、これにちなむ弓町は全国各地に多い。現在でも群馬県高崎市、新潟県長岡市、石川県加賀市、徳島県徳島市に現存しているが、由来は弓を作る職人が集まった町（古くは弓削（ゆげ）などと称した）、弓の稽古が行われた場所、弓を使う弓組が集住していた場所などさまざまだ。中には横浜市に明治三二年（一八九九）まであった弓町（現山手町一二〇番地付近）のように「道路が弓形に折れていたことにちなむ」という形状から来るものもある。

形といえば、弓のように曲線を描く浜は、鳥取県西部の弓ヶ浜に代表されるように弓の字が使われており、別府市や静岡県南伊豆町などにも弓ヶ浜の地名が付けられた。弓矢が揃った地名は少ないが、京都市東山区の清水寺の坂下あたりには日本でただ一か所だけ現存する弓矢町がある。かつてはこの町名にふさわしく（?）松原警察署があったが、平成一七年（二〇〇五）に名前が東山警察署に変わり、場所も移動した。それでも江戸時代から長らく警護役をつとめ、昭和四九年（一九七四）までは神幸祭に武者行列を出していたというから、近年まで名実ともに「弓矢町」だったわけだ。

さて、刀の付く地名は職人町としては意外に少ない。これを作る刀鍛冶が住んだ場所がおおむね鍛冶町となっているからかもしれない。刀町としては全国にただ一か所のみ、佐賀県唐津市に現存している。ただしこれは宝暦年間（一七五一〜六四）に描かれた絵図に「俗称片ン町」とあるように、かつては片町であった。これは道路の一方が濠や土手などのため片方だけに家並みが存在する町を指すが、現在も城跡に建つ唐津市役所から濠を距てた南側であるから、典型的な片町であったようだ。

刀の字が付く地名ではカタナよりトの発音への当て字として用いる例が多く（富山県南砺市刀利、福井県敦賀市刀根など）、その例外が姫路市の刀出であろう。永享四年（一四三二）に当地の石の櫃を掘り出したところ太刀一振が出土したことにちなむという伝承がある。もちろんこのような由緒は漢字に引きずられたものが多く、まったく別

図12　武器の地名
かつて存在した弓町と鎗屋町（現銀座）。徳川氏に従い入国した御用弓師・鎗師の拝領地に由来。1：10,000「日本橋」大正8年鉄道補入

の意味を持つカタナデ（たとえば冗談だが「肩撫で」など）に当てた可能性もある。

太刀といえば福岡県久留米市の北東に位置する大刀洗の地名が知られている。甘木鉄道が町域をかすめて通っているのだが、駅名は太刀洗（筑前町）・西太刀洗（小郡市）といずれも「太」の字だ。元は合戦の際に血の付いた刀を洗ったとする伝承のある大刀洗（太刀洗）川にちなむもので、明治二二年（一八八九）

に合併した際の新村名。本来は太刀洗のところを官報に「大刀洗村」として、おそらく誤って記載したことからそれが正式名称となり、現在に至る。昭和一四年（一九三九）に設置された国鉄甘木線（現甘木鉄道）の駅名はあえて「太」にしたことから、当時も地元では「大刀洗」は誤りとの認識があったのではないだろうか。

近代的な兵器では鉄砲町が城下町には多かった。おおむね鉄砲鍛冶が集まった所で、中には鉄砲衆の住んだ町やその射撃訓練場も含まれる。江戸の鉄砲町は現在の日本橋本町の一部になっているが、幕府の御用鉄砲師が拝領して屋敷を構えたのが由来という。今も青森県弘前市、山形県山形市、石川県加賀市、岡山県津山市など各地に残っているが、秋田市、名古屋市、富山市、高知市、福岡市などは「住居表示法」による町名の大規模な統廃合の波にさらわれ、いずれも昭和四〇年（一九六五）前後に消えている。

鉄砲とは違う火砲の名が付いた町名として珍しいのは岡山県高梁市に現存する石火矢町。江戸時代の松山城下町時代からの由緒ある町で、「石火矢町ふるさと村」がある。山城であった旧松山城の直下にあり、武家屋敷として往時の面影を今も伝えている。やはり町名と屋敷のどちらも残っていることが、歴史をしのぶのには不可欠だろう。特に城下町では高度経済成長期に失われた町名が目立つが、実に惜しいことをしたものだ。

軍に由来する地名

福井県の武生新駅（現越前武生）から大正一三年（一九二四）二月、兵営行きの電車が走り始めた。終点の駅名がズバリ「兵営」だったのである。現在の鯖江市に明治二九年（一八九六）に置かれた陸軍歩兵第三六連隊の兵営の目の前にできた駅だが、当時の鉄道会社の名称が福井と武生を結ぶ意味の福武電気鉄道（現福井鉄道）を称したこともあり、翌一四年には福井市駅（後に福井新を経て現在は赤十字前駅）まで延伸している。ところが開業から一五年経った昭和一四年（一九三九）に中央駅と改められた。別に連隊が廃止されたわけではないが、兵営や師団、練兵場など軍の施設を名乗る駅名を、「防諜」を理由にことごとく変えさせた当時の政策によるものだ。なぜ中央なのかはよくわからない。

あたかも昭和一二年（一九三七）に軍機保護法が改正されて国内に統制色が一気に強まり、地形図で「戦時改描」が始まったのもこの頃である。これは軍の施設をはじめ重要工場や鉄道の操車場を住宅地や森林、田畑などに擬装したもので、その対象範囲は発電所やダム、浄水場など広範囲に及んだ。駅名が改められた時期は全国一斉ではないが（同時だと目立つからか）、小田急の通信学校駅（陸軍通信学校の最寄り駅）が相模大野に、士官学校前駅が相武台前に、湘南電気鉄道（現京急）の横須賀軍港駅が横須賀汐留（現汐入）、京阪の師団前駅が藤森といった具合に、それぞれ地元の地名に変更させられている。

　前述した福井県の中央駅は戦後になって所在地である神明村の名に合わせて神明と再改称されたが、戦後に消滅した第三六連隊の跡地は、昭和三一年（一九五六）になって三六町と名付けられた。軍を持たない建前の新憲法下で国が再生したにもかかわらず、連隊に由来する町名が誕生したのはなぜだろうか。一般的に見れば意外に感じるが、この地域一帯が連隊のために大きく発展したことを考えれば納得できる。

『軍隊を誘致せよ』（松下孝昭著・吉川弘文館）という本によれば、当時の兵営駅前には家族が面会に訪れるための旅館が五軒もあったというし、平均して一八〇〇人ほどとされる一個連隊の兵士の食糧や馬の秣など物資の需要は多く、また除隊の際に利用する土産物屋も駅の近くで繁盛した。もちろん食料品店やクリーニング、床屋などさまざまな業種の店が営門前に建ち並んだというから、連隊のもたらした経済効果は想像以上に大きく、各地で誘致合戦が行われたのも当然だろう。

　岡山市北区には兵団という町名がある。場所は山陽本線が岡山市街の東で旭川を渡る鉄橋の西側に位置しており、『角川日本地名大辞典』によれば、昭和初期頃からの大字名としている（大字なのに時期が特定できていないのはなぜだろうか）。地名の由来としては「明治維新後、農兵の調練所や宿舎が置かれたことにちなむ」とあり、鯖江の第三六連隊よりだいぶ古そうだ。この「兵団」が置かれた時期については幕末とする資料もあるが、いずれにせよ西洋式になる前の時代に遡ることは間違いない。

明治期といえば、北海道には屯田兵が置かれた。新植民地と位置づけられた土地での北方の防備と開拓を兼ねた目的で、当初は札幌近郊から徐々に内陸部へ展開していった。屯田兵村の最初は明治八年（一八七五）に現在の西区琴似に入ったもので、青森・宮城・酒田（現山形）各県の士族に加えて、道内移住した士族が合わせて一九八戸、九六五人で形成した屯田兵村であった。札幌市には現在も屯田という町名が北区にあるが、こちらはかつての篠路屯田である。

オホーツク海側にもいくつか屯田兵村の名残の地名があり、サロマ湖の西に位置する湧別町には北兵村と南兵村、上湧別屯田市街地といった地名が現役で残っている。また旭川市内には上兵村・下兵村のペアがあり、北見市には当用漢字が制定されて漢字制限の色濃かった時代ならではの、とん田東町・西町がある。まずは昭和二七年（一九五二）に屯田兵村にちなんで「とん田町」が設定されたが、後に東西に分けられた。

昭和一〇年（一九三五）修正の五万分の一地形図「砂川」「岩見沢」には、現在の美唄市街の南北に「美唄二十四年兵」「二十五年兵」「二十七年兵」という地名が見られるが、それぞれ明治二四年（一八九一）、二五年、二七年に兵員が入ったことを記念する

図13　軍に由来する地名
北海道の美唄には屯田兵村に由来する「美唄二十七年兵」「二十五年兵」の地名が見える。1：50,000「岩見沢」昭和10年修正

地名だ。付近にはこの四年間に合計四〇〇人の兵員と家族が暮らし始めたが、現在でも典型的な屯田兵の家として「美唄屯田兵屋」が道の有形文化財として保存されている。これらの地名は現存しないが、明治二六年の干支に由来する癸巳町、「二五年兵」というバス停などに名残をとどめている。

新潟市中央区には「営所通」という明治一二年（一八七九）以来の旧市街の町名があるが、これは東京鎮台第一分営へ向かう通りであったことに由来して命名された。鎮台とは陸軍に師団が置かれる以前の明治二一年（一八八八）までの組織で、当時は仙台・東京・名古屋・大阪・広島・熊本の六か所あった。新潟には東京鎮台の分営が置かれ、ここに通じる道という意味である。現在では営所通一番町、二番町に分かれているが、「明治一五〇年」を過ぎた今、営所という言葉の意味が通じる人はだいぶ少数派ではないだろうか。

会社の地名

トヨタ自動車の本社は愛知県豊田市トヨタ町一番地にある。市が誕生してからすでに半世紀以上が経過したので、「豊田市にあるからトヨタ自動車」と誤解している人がいるかもしれないが、実際は昭和三四年（一九五九）一月一日に挙母（ころも）市から改称したものだ。もちろん当地は言うまでもなく「企業城下町」として知られ、トヨタ自動車とその関連会社で働く人と家族を合わせれば、市民の大半がこの会社に関わっていることが改称の背景にあることは間違いない。

挙母という地名は古代の郷名に遡る由緒あるもの（衣郷の表記も）で、江戸期には城下町でもあった。明治二二年（一八八九）以降は町村制による挙母村となり、同二五年には挙母町が誕生している。そこへ昭和九年（一九三四）、豊田自動織機製作所が町内の論地ヶ原に自動車工場を建設したのが「クルマの街」としての始まりであった。

挙母町は昭和二六年（一九五一）に市制施行して挙母市となったが、前述のように同三四年には豊田市と改称され、挙母の地名は市内の町名には残ったものの（挙母、上挙母）、挙母東・挙母西の両高校の名前も豊田東・西となり、名鉄三河線の駅名も挙母駅から豊田市駅に改められた。由緒ある地名ゆえに変更に反対する人たちも一定数存在したというが、多勢に無勢だったのだろう。

同じ愛知県内の東海市も実は企業地名である。昭和四四年（一九六九）に知多郡の上野町と横須賀町が合併する際に、地元随一の大企業である東海製鉄（現日本製鉄）にちなんで命名された。現に東海地方にあり、東海製鉄が現存しないこともあって、企業地名であることはあまり知られていない。

ついでながら企業地名のように見えて実は違う代表格といえば日立であろうか。日立製作所は茨城県多賀郡日立村にあった久原鉱業所の日立製作所が分離独立したもので、地名が最初である。日立市が成立したのは昭和一四年（一九三九）であるが、浜街道の宿場町である助川町と鉱山町の日立町が合併した新市名が「日立」になったのは、当時すでに大企業であった日立製作所の存在が大きいだろう。もし最初に助川に「製作所」があったとしたら、助川市になっていたかもしれない。トヨタ系列の日野自動車も、そのように名乗るようになるのは東京瓦斯電気工業が東京府南多摩郡日野町（現日野市）に工場を建ててからなので、こちらも企業地名ではない。

　自治体名が企業名というのはさすがに少ないが、市内の町名なら非常に多い。たとえば電機メーカーの東芝にちなむ地名は、同社府中事業場のある東京都府中市東芝町（昭和三六年。以前は大字府中など）、川崎市幸区には小向事業所のある小向東芝町（昭和二七年。以前は古市場ほか）、最近になって閉鎖された大阪工場の所在地も大阪府茨木市太田東芝町（昭和四八年。以前は太田）である。

　現在はＪＦＥスチールとなっている日本鋼管もいくつかの町名に足跡を残している。ＪＦＥスチール西日本製鉄所の敷地は岡山県笠岡市と広島県福山市にまたがる広大なものだが、どちらも鋼管町だ。三重県津市では同社工場の所在地が雲出鋼管町。日本鋼管の工場としては発祥の地である川崎市の工場敷地は南渡田町だが、そこに至る鋼管新道という道路に沿って設定されたのが鋼管通（一丁目～五丁目）である。昭和一三年（一九三八）からの歴史ある町名だ。

　最近では業界再編の動きが盛んなので、このように企業名に由来する町名と現在の社名が一致しない例、または工場が撤退したまま宅地化する例も増えてきた。「地名の記念碑化」とでも命名したいところだ。福井県敦賀市には東洋紡にちなむ東洋町と呉羽紡績にちなむ呉羽町が近接しているが、呉羽の方は合併により東洋紡となっているので、

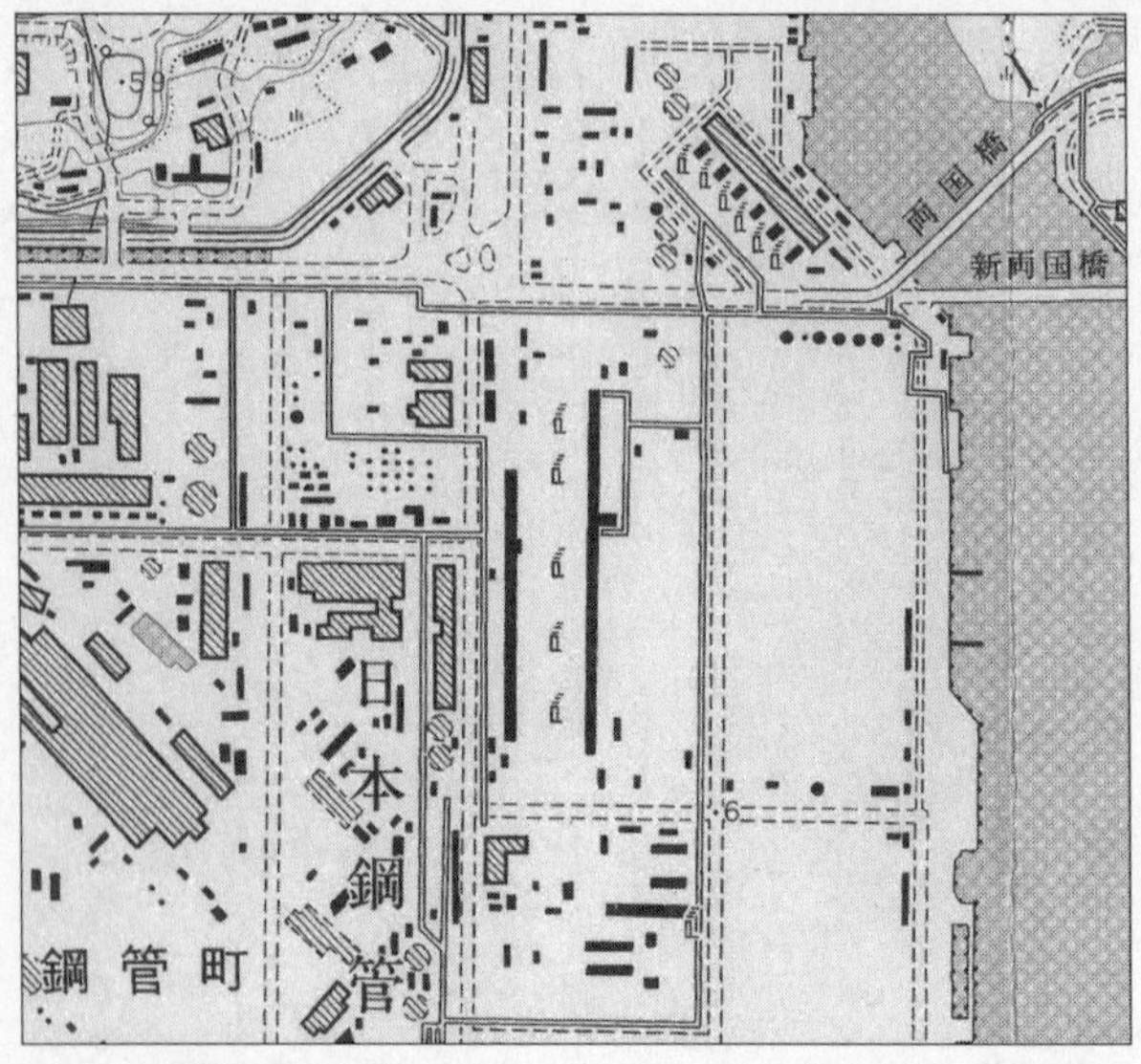

図14　会社の地名
広島県と岡山県にまたがるJFEスチール（旧日本鋼管）福山製鉄所と備中・備後にまたがる両国橋。1：25,000「福山東部」平成12年修正

呉羽町は記念碑地名となった。東京都日野市にはコニカミノルタ工場がさくら町（昭和四三年。以前は大字日野）にあるが、これもかつての商標「さくらフイルム」にちなんだものである。北海道旭川市のパルプ町も国策パルプという旧社名にちなむもので、昭和一五年（一九四〇）に操業開始した工場にちなんで町名は昭和二六年（一九五一）に設定されたが、その後は製紙業界の再編などで日本製紙の工場とし

て継続している。道内特有の道路名と組み合わせて「パルプ町1条三丁目」などの表示が独特だ。

東京都府中市の日鋼町（昭和三七年。以前は大字府中）は日本製鋼所の東京製作所に由来するが、ここは工場跡地に日本銀行分館や第一生命などが集まるインテリジェントパークとして面目を一新した。新潟県柏崎市の日石町（昭和四一年。以前は枇杷島）は柏崎駅の北側に面した土地で、かつては日本石油の製油所があったのだが、現在は撤退して再開発が進められている。岩手県久慈市の川崎町（昭和四七年。以前は長内町など）は企業地名らしくないが、川崎製鉄が砂鉄を原料とする製鉄所を建設したことにちなむ。ここは製鉄所が閉鎖された後に公募によって決まった町名であり、川崎製鉄（これも現在はＪＦＥスチール）にお世話になったという地元の思いが込められているようだ。

いわゆる「空洞化」が言われて久しい日本で、今後も企業地名の記念碑化は進むだろうか。

京都の住所はなぜ長いか

①京都市中京区寺町通御池上る上本能寺前町四八八　②京都市上京区今出川通室町西入堀出シ町二八五　③京都市中京区西堀川通御池下る西三坊堀川町五二一　④京都市下京区西洞院通塩小路上る東塩小路町六〇八—八。

これらは①京都市役所　②上京区役所　③中京区役所　④下京区役所の所在地である。これが横浜市役所なら「横浜市中区港町一—一」、東京都庁なら「新宿区西新宿二—八—一」で済んでしまうところを、この京都市の住所の長さは群を抜いている。その理由は何だろうか。

よく知られているのは、京都市旧市街の住所の表示に「通り名」が用いられていることだ。①の京都市役所の例で解説すると、まずこの建物は寺町通（南北の通り）に面していて、御池通（東西の通り）との交差点から北上した（上る）地点にあることを表現している（実際の市役所は大きいので河原町通にも面しているが）。

このように京都旧市街の住所は、伝統的に南北通りと東西通りを用いて説明する「道案内方式」なのだ。本来であればそこまでで十分なのだが、今では七桁の郵便番号が町それぞれに対応しているため、最近では町名を併記することが多くなった。この「道案内」の後に来る「上本能寺前町」は、通りとは別に昔から細かく分けられた町名である。

さて、住所に表記される通り名は南北の通りから先、というわけでない。②の中京区役所でわかるように、東西通りの今出川通から先に書く場合もある。②の住所を解説すると、まず建物が今出川通に面しており、室町通（南北通り）との交差点から西へ入ったところを意味している。要するに表示すべき建物が面している方の通りを先に表示し、近場で交差する通りとの関係を表示するのである。だから最初に表示した通り名が南北通りなら、東西通りとの交差点から北へ向かうのが「上る」（カタカナで「上ル」の表記も多い）、南へ向かうのが「下る」となり、最初が東西通りなら、南北通りとの交差点から東へ行くなら「東入る（東入ル・東入）」、西なら「西入る」となる。

東入る・西入るはいいとして、なぜ「北入る」「南入る」でないのかといえば、御所が北にあるため、こちらへ向かうのが「上る」なのだと言われれば納得できる。それに加えて京都の旧市街は南流する鴨川の扇状地に乗っているので、標高的に見ても北の方が高い。このため上る・下るは高さとも一致しているので感覚的にもぴったり来るのである。

さて、七桁郵便番号が導入されて久しい今、通り名など省略して町名だけ、たとえば①なら京都市中京区寺町通御池上る上本能寺前町四八八を、京都市中京区上本能寺前町四八八と短絡させてしまえばいいのに、とよそ者は考えてしまうが、それほど簡単な話ではない。

実は京都市内には約五〇〇〇を数える町名がひしめいており、たとえば同じ下京区の中に鍵屋町が四か所もあるからだ。すなわち①麩屋町高辻下る他の鍵屋町＝六〇〇—八〇五七　②正面通木屋町東入る他の鍵屋町＝六〇〇—八一二六　③鍵屋町通烏丸西入る他の鍵屋町＝六〇〇—八一七八　④若宮通北小路上る他の鍵屋町＝六〇〇—八三一七という具合だ。

この四か所とも「他」と表記したのは、同じ町であっても、どの通りに面しているかで書き方が変わってくるからで、執拗で恐縮だが、たとえば①の鍵屋町なら、a 高辻通麩屋町西入る　b 高辻通麩屋町東入る　c 麩屋町通高辻下る（例と同じ）　d 麩屋町通松原上る、という四通りが考えられる。

このように書いていくと、机上の地図をスッキリさせたくて仕方がない住居表示課の職員さんの、胸をかきむしりたくなる気持ちの芽生えを理解しないでもないけれど、少なくとも数百年以上は続いてきた伝統的な住所表示システムに、底の浅い「整理整頓」に基づいて手を加えることは、伝統に対する挑戦である。京都市はそのことを理解しているからこそ、住居表示法という国の法律を完全に無視するという快挙（政府から見れば暴挙だろうが）に出たのである。住居表示を完全実施した大阪市も、もう少し骨のあ

図15　京都の住所はなぜ長いか
京都市でも大正７年（1918）以降に編入された郊外の住所表示は中心部とは異なり、嵯峨（旧村名）＋地域名（広沢など）＋旧字名という形式が目立つ。１：10,000「太秦」平成15年修正

るところを見せて、「東京政府」の考え出した浅薄な住居表示政策など冷笑し、京都の精神にならっていれば、江戸期からの多くの町名が失われずに済んだに違いない。

さて、京都旧市街の話をずっと書いてきたが、大正七年（一九一八）以降に京都市に編入されたエリアについてはその限りでない。たとえば右京区役所（京都市右京区太秦下刑部町一二）は昭和六年（一九三一）に京都市に編入された区域で、それ以前は京都府葛野郡太秦村大字太秦字下刑部であった。要するに旧大字名を字名に冠して「太秦下刑部町」という町名にしたものだ。ただし、新市域の地名も必ずしも大字・小字の組み合わせばかりとは限らずいろいろなパターンがあり、京都ならではの寺の名を中に挟んだものも目立つ。たとえば葛野郡・嵯峨町・大字上嵯峨・字大門という住所は現在の右京区・嵯峨・釈迦堂・大門町となっている（判別のため・を挿入）。これは昭和六年（一九三一）の市域編入に際して大字上嵯峨が広沢、大覚寺門前、二尊院門前、釈迦堂門前などに分割された結果である。

沖縄の地名

日本で最も多い名字は鈴木さん、または佐藤さんとされる。ただし当然ながら地方によって差があり、特にそれが顕著なのが沖縄県だ。「マイナビニュース」によれば最も多いのは比嘉さんで、この後に金城、大城、宮城、新垣、玉城、上原、島袋、平良、山城、知念……と続いており、一見して本土のランキングに登場する顔ぶれとは異なっている。

沖縄は周知の通り明治一二年（一八七九）に断行した「琉球処分」まで琉球王国であった。王国時代の王族・士族は姓と家名を別々に持っており、たとえば向氏の小禄さん、翁氏の玉城さんという具合である。姓は中国風、家名は出身地の地名に由来するものが多い。現在でも士族の家の墓地に「○氏△△家之墓」と姓と家名の双方を掲げているのはその名残だ。

さて、これらの名字の中で圧倒的に多いのが「城」であるが、これは今でこそ金城をキンジョウ、大城をオオシロ、宮城をミヤギなどと本土風に読むものが多いけれど、かつてはグスクと読んだ（カナグスク、オオグスク、ミヤグスク）。グスクは城の字が当てられているように軍事拠点としての城を意味するものに加えて、地域の聖地である御嶽に由来するものもあるらしい。このため沖縄県では全域にわたって城のつく地名が多く分布している。

首里城の南側、美しい石畳の道で知られる首里金城町も、かつてはカナグスクと読んでいた（金城橋などは今もカナグスク）。このように読み方を変えた地名は数多く、たとえば現在はうるま市となっている与那城村は長らくヨナグスクであったものを、平成六年（一九九四）に町制施行した際にヨナシロと改称している。

那覇市の南側に隣接していた豊見城村でも、村名はトミグスクと読みながらも、甲子園に出て全国的に知られるようになった豊見城高校（昭和四一年開校）や豊見城警察署

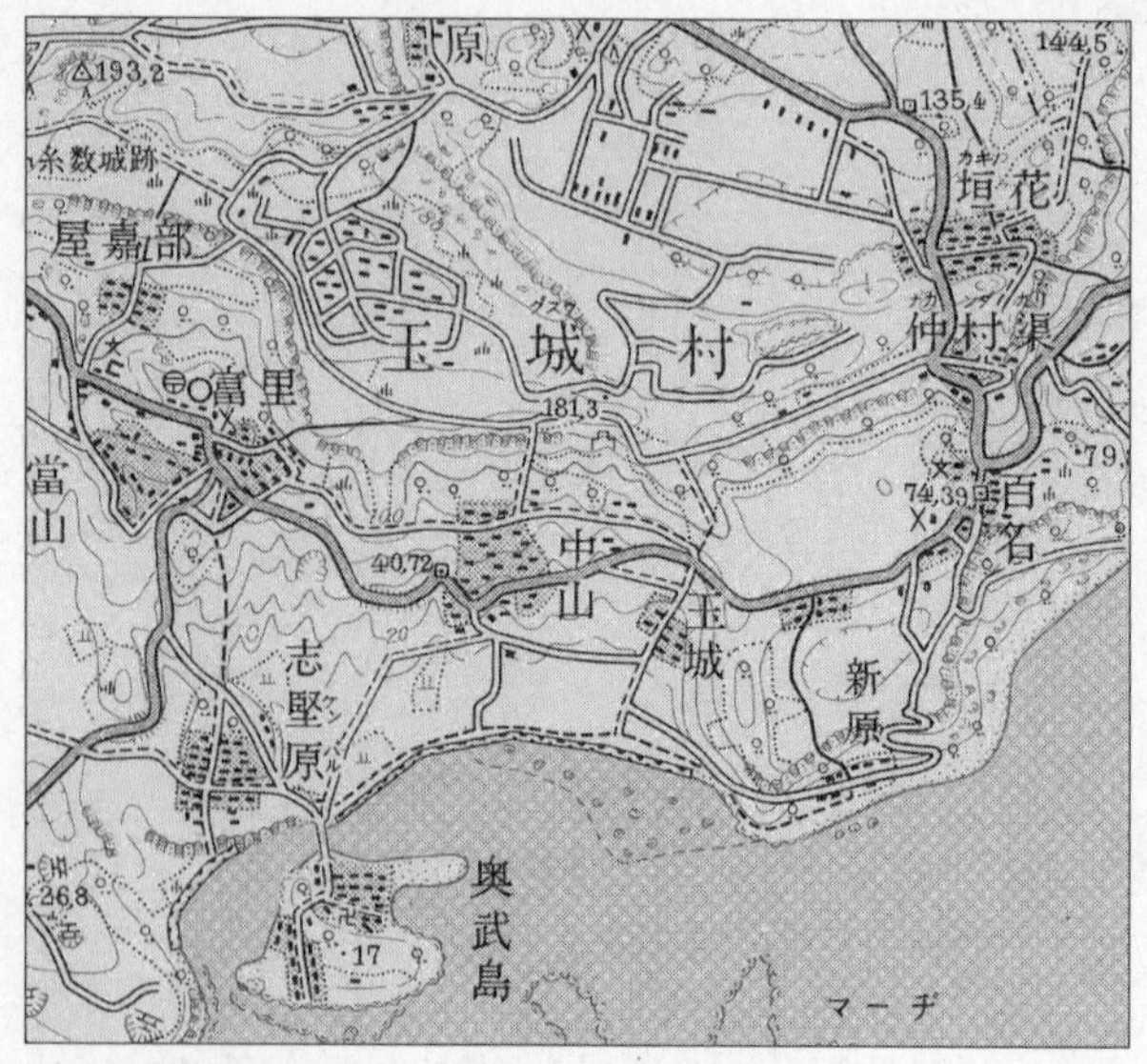

図16　沖縄の地名
玉城村（たまぐすくそん・現南城市）の地名群。右端の仲村渠（なかんだかり）は難読地名。1：50,000「久高島」昭和47年修正

はいずれもトミシロと読むという具合に食い違っていた。このため平成一四年（二〇〇二）に市制施行する際にどちらの読みにするかが議論となり、この際トミシロに統一しようという意見も少なくなかったけれど、結果的には沖縄の伝統的な読みであるトミグスクに落ち着いている。なお、高校や警察署の読みは従前と変わっていないので、今も二つの読みが併存したままだ。

　このように読みが揺れ

ている背景には、一七世紀の薩摩藩による琉球侵攻の後は「大和めきたる名字」を禁止する政策が行われ、前田を真栄田と変更するなどして区別を余儀なくされた時代もあった。ところが明治に入ると日本政府による強引な「同化政策」が進められ、言語を含めて本土流が推奨され、あるいは自ら率先して「ヤマト風」に改める風潮も起こっている。さらに戦後はアメリカの統治下に置かれたことも影響するなど、強国の狭間に置かれたこの地域で「琉球アイデンティティ」を巡って揺らぎが生じたのは当然であろう。現在の沖縄の地名と名字が「琉日混在」である背景には、簡単には片付けられない重い歴史が存在する。

沖縄の地名で特徴的なのが方角の読み方だ。伝統的に沖縄では東は太陽が上がる方角であることからアガリ、没する―入る方角から西がイリと呼ばれている。このため八重山の西表島は西をイリと読み、本島のうるま市の旧具志川市域にも西原という地名がある。ところが厄介なのは北をニシと呼ぶことだ。同じうるま市内の旧勝連町にある西原は、勝連城の北に位置することから命名されたのだが、ニシの音に本土読みの西の字が当てられたために、原義とは九〇度違う表記になってしまった。沖縄の名字の中で戦後に県知事をつとめた西銘さんの名字も、元来は「北の峰」を意味したそうで、なるほど沖縄本島の西銘岳（標高四二〇メートル）も国頭山地の最北部にある。

それでも北を意味するニシに西の字を当てていない稀有な例が、八重山の波照間島にある北浜で、これは実際に北海岸に位置している。ところが地図を見ると、北浜にほど近い南南西を向いた浜に南浜の表記があるのはなぜだろうか。南北は方角というよりは南風、北風の向きに関係するという話も聞くのだが、どうもわからない。沖縄本島での発音はペーではなくフェーだそうだ。本島から八重山は四五〇キロ以上も距たっていることもあり、県内といえども方言の差は当然ある。首里城の南方の原を意味するフェーバルは南風原町として今も健在だ。

東をアガリと読む地名には名護市の東江、その近くの伊江島にある東江上・東江前、西原町や与那国島の東崎、うるま市の東山など数多い。本土風にヒガシと読む国頭郡の東村（大正一二年成立）などもあるが、南北の大東島のように訓読みの方言読みウフアガリ（和訓オオアガリ）が後に音読みに転じたケースもある。

ちなみに沖縄の地名を地名事典で引くと方言読みが併記されている。沖縄がウチナーというのは知名度が高いが、那覇はナーファ、浦添はウラシィ、具志川はグシチャー、糸満はイチマン、宜野湾はジノーンといった具合だ。今でも話者によっては方言読みにきわめて近い発音をしている人もあり、つくづく沖縄の地名の奥深さを感じる次第である。

ある県に特有の地名

日本で開催されたラグビーのワールドカップから遡ること四年、平成二七年（二〇一五）年のスポーツ界はラグビーに沸いた。日本代表選手の五郎丸歩さんの名字が注目され、西鉄甘木線の五郎丸駅（福岡県久留米市）には「聖地巡礼」のように多くの人が訪れたそうだ。他に太郎丸駅（えちぜん鉄道・福井県坂井市）や次郎丸駅（福岡市営地下鉄七隈（ななくま）線・同市早良（さわら）区）といった似た駅名もあるが、人名の後に丸がつく地名はかなり古いものが多く、その人が開拓したことにちなむらしい。もちろん異説もあるが。「〇郎丸」という地名を国土地理院のインターネット地図サイト「地理院地図」で検索してみると、次郎丸・五郎丸の両駅がある福岡県を中心とする北九州と広島県、それに福井・富山・新潟あたりに分布が目立つ。

「〇郎丸」の分布がなぜそうなのかは知らないが、地名は必ずしも一様に分布しているわけではない。思えば筆者がこのことに興味を持ったのは「西水流（にしづる）」という名字の同級生の存在であった。後に地形図を鑑賞するようになってから、宮崎県や鹿児島県に集中して水流の付く地名を発見して印象に残ったものである。「地理院地図」によれば「水流」の付く地名は六五件あって、青森県の下北半島にある東北町水流（読みは不明）を

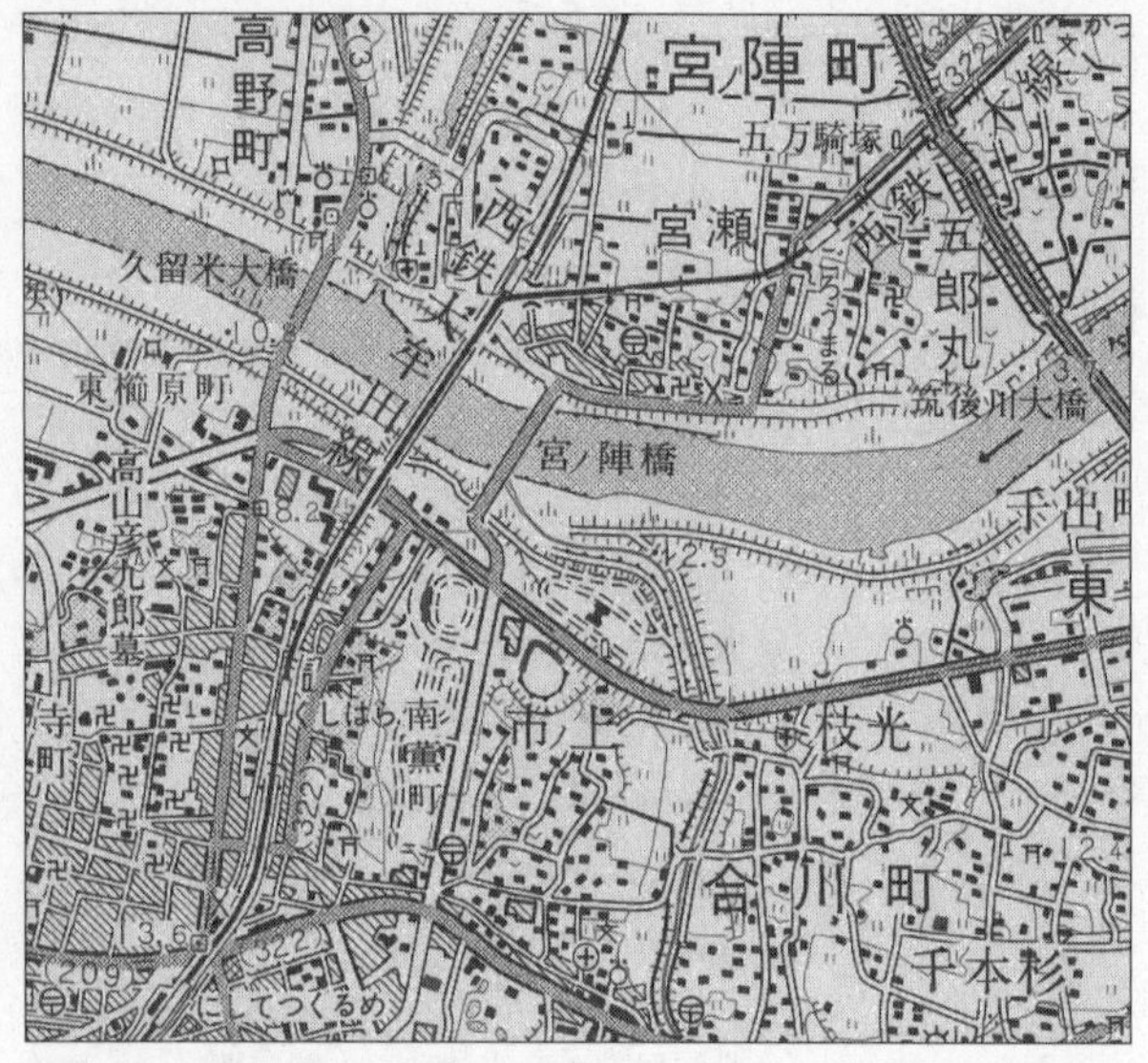

図17　ある県に特有の地名
「〇郎丸」の地名は九州と北陸に目立つ。右上の五郎丸駅は福岡県久留米市郊外の西鉄甘木線の駅。１：50,000「久留米」平成３年修正

例外とすれば、宮崎・鹿児島の両県にしか分布していない。

ところが同じツルでも津留（一〇九件）という表記になると大分県と熊本県が大半で、逆に宮崎県・鹿児島県にはなく、あとは福岡・佐賀の両県がぽつりぽつり、という状態だ。地名学の本によれば水流（ツル・ヅル）の文字遣いにも表われているように、川に関連する地名らしい。ただし解釈は「曲流している所」とか、「川が土砂を堆積

させた沖積地」などさまざまで謎も多いが。そのツルにどのような字を当てるかについて地域差が見られるのは興味深い。

焼畑に由来する地名とされる九州のコバという地名にしても、「木場」の表記がおおむね主流で佐賀・長崎・熊本・鹿児島（西側）といった西九州に集中しており、次に多い「古場」は同じく西九州ではあるが頻度が少なくなることがわかった。

谷の地形に付く地名は地方によって特徴があり、たとえば関東を中心に東日本に広がるヤト・ヤツの地名分布も特徴的だ。このうち谷戸は群馬・埼玉・東京・神奈川の四都県に集中しているのに対して、谷津は茨城・千葉が中心で福島・宮城にも少数ながら及んでいる。ただしヤツと読むのに谷が一文字の鎌倉市扇ガ谷（やつ）のような例もあるので、ヤツの分布図を作るのは難しい。谷の字の地名としては「ガヤ」と読む（○○が谷、○○ヶ谷）の分布は関東が圧倒的だ。東京周辺の駅名をざっと見渡しても、市ケ谷、千駄ケ谷、阿佐ケ谷（中央線）、幡ヶ谷（京王線）、祖師ヶ谷大蔵（小田急小田原線）、雑司（ぞうし）が谷（東京メトロ副都心線）、越谷（こしがや）（東武伊勢崎線）、鎌ヶ谷（東武野田線）など明らかに多い。

狭い範囲に集中している谷の地名といえば岐阜県を中心とする「ホラ」の地名だろうか。洞の字が用いられるので印象に残るが、岐阜県大野町の牛洞（うしぼら）、同県揖斐川町の大洞、名古屋市の猫洞通（ねこがほらどおり）などこのエリアに集中している。一方で山口県では浴の字を用いる谷の地名が目立ち、これはエキと読む（室ヶ浴＝長門市など）。ただし「浴びる」という意味ではなく「水のある谷」を表わすためにこの字が利用されたという。山口県で広く用いられているが、「地理院地図」では少し離れた島根県浜田市内（旧三隅町内）にも飛地的に分布している。

谷ではないが、関西に多い地名として垣内がある。ふつうカイトと読み、由来には諸説あるが、本来は「有力者の耕地と屋敷からなる土地」らしい。分布は三重・奈良・和歌山・兵庫に目立ち、関西以外では広島県に目立つ程度だ。同じ読みでも「垣外」の表記も京都府や長野県にあり、こちらは由来が同じかどうかわからない。まったく別の字を使うこともあり得るが、茨城県の水海道（現常総市）をこれに関連する地名と捉える人も。

さて、地名マニアでもないのに「○○興屋（興野）」という地名をご存知の方は、山形県の庄内出身ではないだろうか。「地理院地図」によれば、庄内に接した秋田県由利本荘市、同じく新潟県の村上市の二件、少し離れた同県加茂市の三件を除けば、庄内地方だけで一九件もヒットする。ざっと挙げると遊佐町の四ツ興屋、酒田市の興屋田、地見興屋、庄内町の興屋、境興屋、南興屋、鶴岡市の辻興屋、下興屋、境興屋、谷地興屋、蛸井興屋、染興屋……といった具合だ（「興野」は新潟県に多い）。読みはコヤまたはコウヤ（ゴヤ・ゴウヤ）であるが、中世末から近世にかけて開発された新田の地名で、地名は「荒野を開拓した」とする説があり、開墾して新たに耕地を開くニュアンスが「興」の字に込めたのだろうか。同じ出羽国でも秋田県側では四ツ小屋（奥羽本線に駅がある）などシンプルな「小屋」表記になり、他地域には高屋や幸谷という例もある。ただし必ずしもその全部が開拓地というわけではないので要注意だ。

地方に特有の地名の分布を把握するのは、ネットを使えば昔よりはるかに楽になった。これによって新しい地名の法則が次々と発見されるだろうか。

長い住所を探してみると……

先日あるテレビ局から「日本一長い住所はこれでいいんですか」と質問されたのが、愛知県海部（あま）郡飛島村（とびしまむら）大字飛島新田字竹之郷（たけのごう）ヨタレ南ノ割（みなみのわり）、であった。日夜そんな類の地名を調べているわけではないので、わかりませんと答えたが、いつの頃からかネットに上がっているようで、物好きにも現地へ行った人が「最近はマスコミの取材もある」という住民の証言を紹介していたりする。ちなみにこの住所は残念ながら最近になって行われた住居表示で「飛島村竹之郷◯丁目」に変わったため、少なくともここが最長でなくなったのは間違いない。

これを機に、長い住所を少しばかり調べてみよう。まずは都道府県や郡名が三文字あればアドバンテージも高いのでざっと探してみると、三文字県に該当するのは神奈川、和歌山、鹿児島の三つだけで、その後に来るのが市だとどうしても短くなりがちなので、郡＋町村をあたる。三文字の郡と三文字以上の町村名の組み合わせを探してみると、だいぶ絞り込める。神奈川県では足柄下(あしがらしも)郡湯河原町だけ、鹿児島県鹿児島郡には二文字の村しかないので除外、これに対して和歌山県には強豪がひしめいていた。

同県内には西牟婁(にしむろ)郡・東牟婁郡という画数の多い郡が二つあり、西牟婁郡には上富田(かみとんだ)町(ちょう)、すさみ町、東牟婁郡には古座川(こざがわ)町と那智勝浦町が存在する。これらのうちトップは最後の「和歌山県東牟婁郡那智勝浦町」であるが、今度は同町内の大字で長いものを探してみると、四文字の大字が三つも見つかった。狗子ノ川(くじのかわ)、西中野川(かわ)、八尺鏡野(やたがの)であるが、最後の八尺鏡野が画数ではトップである。

奇しくも私は一〇年以上も前にこの難読地名を訪れた。字面でまず思い浮かんだのが皇室の「三種の神器」のひとつ―八咫鏡(やたのかがみ)だが、当地もかつては八咫鏡野と表記したそうで、天照大神(あまてらすおおみかみ)が石凝姥命(いしこりどめのみこと)に鏡を作るよう命じた際、着いたのがこの地であったとの伝承を現地で聞いた。なるほど、周辺には紀州鉱山などの銅山も分布していて、必ずしも荒唐無稽(こうとうむけい)というわけではない。この大字を県名からフルネームで書けば「和歌山県東牟婁郡那智勝浦町八尺鏡野」と漢字一七字となる。もっとも、二字の県でも大字名がもっと長いものもあるだろうから、これは遊びみたいなものだ。思いつくものだけでも、東京都小平市にある西武新宿線の花小金井駅の所在地は、市制施行の前までは「東京都北多摩郡小平町大字野中新田与右衛門組」と二一字を誇った（現在は小平市花小金井一丁目と短い）。

新田関連の地名は、冒頭の飛鳥新田を見てもわかるように長いものが目立つが、静岡県の平野部には特に多い印象がある。このあたりには現役の地名を探しても藤枝市久兵衛市右衛門請新田、磐田市清庵浜請負新田など、いずれも新田の請負人の名（清庵は僧侶の名）を冠したものがある。

長い新田地名の多かった静岡県内でも、おそらくダントツの長い大字名だったのが上土新田下足洗新田川合新田請新田（現静岡市葵区）であろう。惜しくも昭和五二年（一九七七）に流通センター、牛田、野丈、天神前などに分割されて消えたが、日本一であったことは間違いないのではないか。この長名が誕生する理由は、新田開発の仕組みにある。人が住みついて発展した新田集落は、他の新田と合同で新たに新田開発を行うことがあり、ここでも上土・下足洗・川合の三つの新田が請け負ったために、フルネームでこんなに長くなった次第だ。さすがにこれでは不便なので実際には「三請新田」と呼んでいたという。

米どころの新潟県も新田の数では負けないが、同様に九戸浜村、雁子浜村、上下浜村

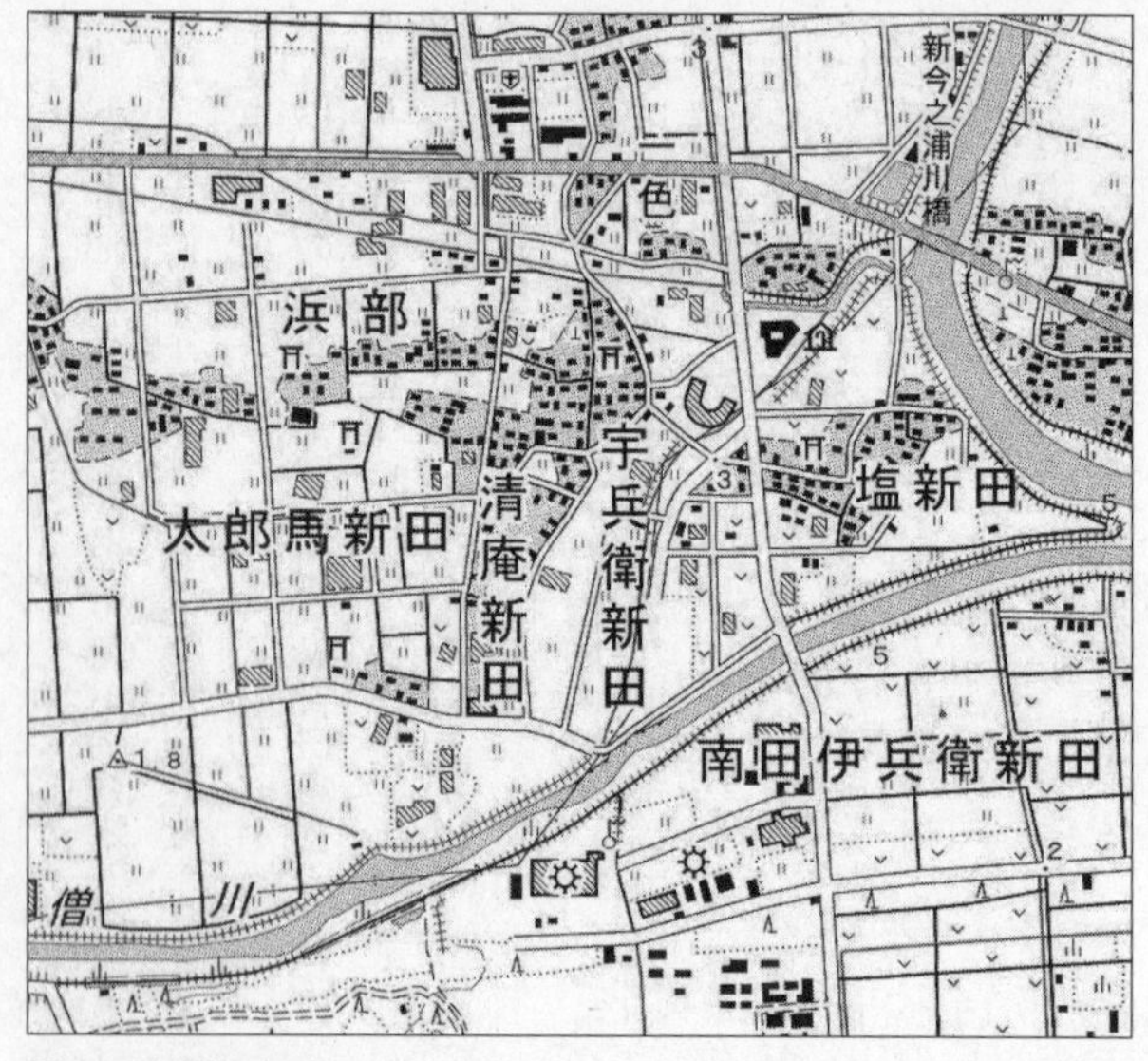

図18　長い住所を探してみると……
静岡県には今も現役の新田地名が各地に見られる。開墾者や出資者名を冠するため長い地名になりがち。1：25,000「磐田」平成19年更新

の三か村が請け負った九(く)戸(ど)雁子(がんご)上下浜立会新田(じょうげはまたちあいしんでん)が明治二二年（一八八九）まで存在した。ここは今でも上越市大潟区九戸雁子上下浜立会と称して健在だが、朝日池に面した無人エリア（信越本線潟(かた)町(まち)駅の東側）なので、ここを宛先とする郵便物はなさそうだが。

都市部の長い住所も挙げておこう。となれば京都市の右に出る者はないだろう。市役所の住所からして京都市中京区寺町(なかぎょうくてらまち)通御池上る(どおりおいけあがる)上(かみ)本能寺前町

四八八と長い。構造を解析すれば、区以下の前半部分は「道案内」である。つまり目指す市役所は、まず①寺町通に面しており、②御池通との交差点を上った（北へ進んだ）ところの③上本能寺前町にある、というわけだ。市役所は二つの通りだけで足りるのだが、さらに路地を入った場所であれば「東山区白川筋三条下る三筋目西入唐戸鼻町」という具合に道案内も長くなる。

同じ京都市でも、旧市街でないかつての郡部は旧村名と大字・小字を足した町名なのでやはり長い。たとえば私が探した中では最も長い京都市右京区嵯峨二尊院門前善光寺山町。以前は京都府葛野郡嵯峨町大字上嵯峨字善光寺山で、大字の上嵯峨が昭和六年（一九三一）に京都市に編入された際に二尊院門前、大覚寺門前、釈迦堂門前など主な寺の門前を冠し、その後に小字名を繋いで町名を作ったために長くなった次第である。

カタカナ外国語の駅名と地名

山手線に久しぶりに新駅が誕生することになり、その駅名が公募された。オリンピック・パラリンピックの年である二〇二〇年に開業予定というから、これまで最も新しかった西日暮里駅（線路の所属は東北本線）の昭和四六年（一九七一）の開業から数えればほぼ半世紀ぶりである。新駅ができるのは田町～品川間で、以前は車庫などで占められていた広大な鉄道用地を再開発することとなり、その中心駅として注目されていた。JR東日本で公募結果を勘案して検討した結果、平成三〇年（二〇一八）一二月四日に「高輪ゲートウェイ」と発表されている。

応募は六万四〇五二件にも及び、最多得票は地元の町名である高輪（駅の所在地は港南）が八三九八件、第二位が隣接する芝浦の四二六五件であったが、再開発地区の名称が「グローバルゲートウェイ品川」ということもあり、第一位の高輪にそのゲートウェイを付け足した形である。ちなみにそのものズバリの「高輪ゲートウェイ」は第一三〇位、わずか三六件だったというから、公募は形だけという印象もある。

「ゲートウェイ」の理由については、昔から東海道の江戸への入口であることなども考慮した結果というが、いかにもイマ風な印象だ。昨今はとかく「グローバル時代」を意識してか、外来語をカタカナで混ぜるのが「その筋」の間では好まれている。駅名が決まった日にある女子大学生に聞いてみたら、「オジサンが無理して新しい感覚を出そうとしたみたい」と酷評が返ってきた。なるほど同感である。多数を占めた「高輪駅」を選んだ人たちの方が、粉飾せずに歴史を素直に後世に伝えようとする健康な感覚を持っている。愛媛県の川之江市と伊予三島市などが合併した際、住民アンケートでは古代からの郡名にちなむ「宇摩市」が最多得票だったのに、選考委員による「東京でも通じるように」との念が強すぎて四国中央市に決した経緯を思い出す。

さて、カタカナ外来語を用いた駅名を思い浮かべてみると、首都圏では多摩センター（小田急多摩線・京王相模原線・多摩都市モノレール）、たまプラーザ（東急田園都市線）、越谷レイクタウン（JR武蔵野線）、流山セントラルパーク（つくばエクスプレス）、千葉ニュータウン中央（北総鉄道他）など珍しくないが、関西圏でも二〇二五年に決まった大阪万博会場にほど近いコスモスクエア（大阪メトロ中央線ほか）、大阪ビジネスパーク（JR東西線他）、神戸電鉄学園都市線にはフラワータウン、南ウッディタウン、ウッディタウン中央など少なくない。地方は新駅そのものが珍しいが、香川県さぬき市には新興住宅地のオレンジタウン駅（JR高徳線）。もともとカタカナの施設名に合わせたものは必然的にそうなるが、ドーム前（阪神なんば線）、あしかがフラワーパーク（栃木県・JR両毛線）など数多い。東京メトロの日比谷線に二〇二〇年開業予定の新駅も「虎ノ門ヒルズ」となることが決まった。珍しいところでは神戸市のポートライナーにある「京コンピュータ前」。これは駅の南西にある理化学研究所の次世代スーパーコンピュータ「京」にちなむもので、ローマ字表記はK Computer Maeである。

乗客の利便性や集客を考慮する駅名にカタカナ外来語が多いのはともかく、公式な地名にも少なくない。市町村名としては山梨県南アルプス市だけであるが（カタカナとし

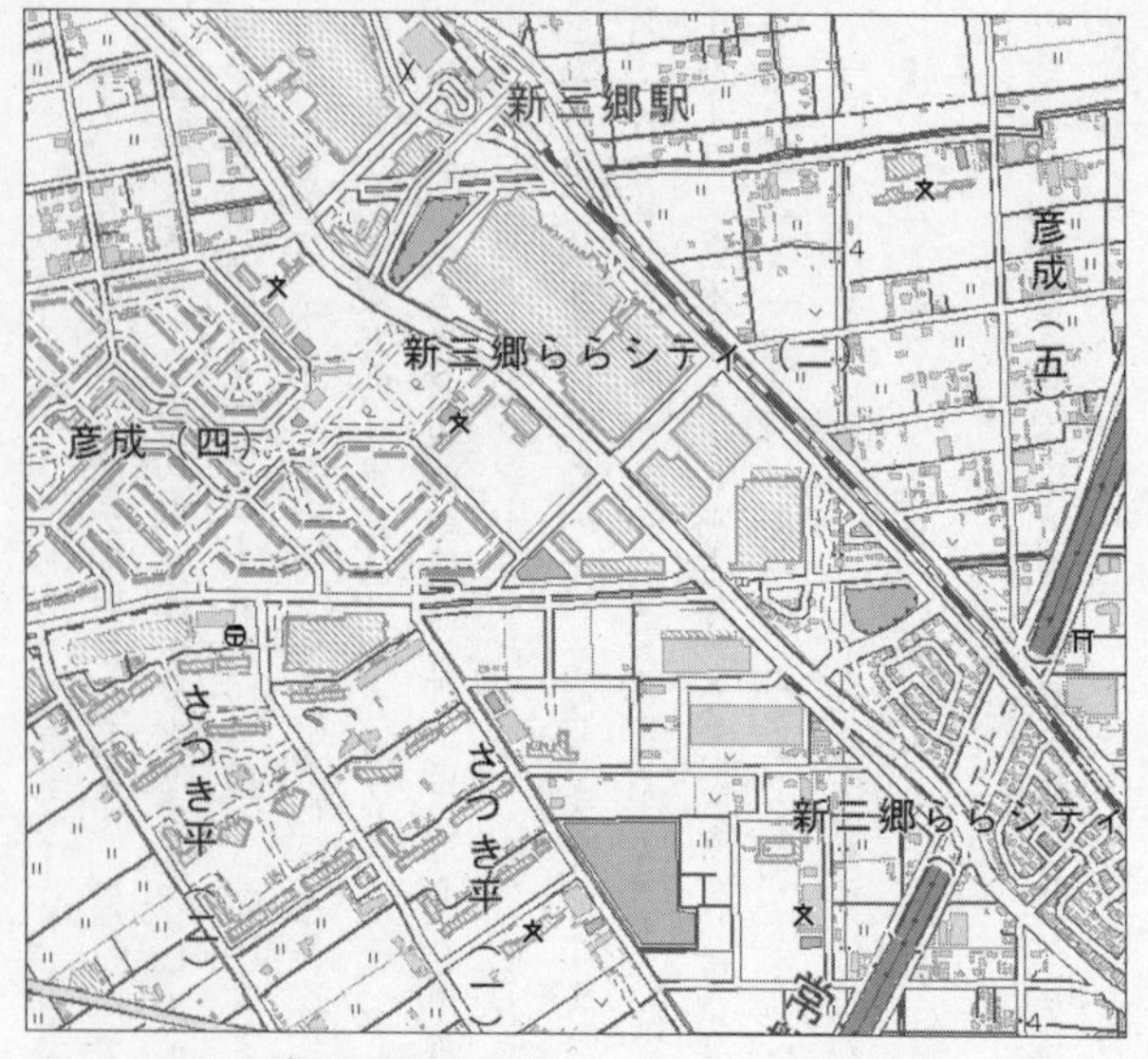

図19　カタカナ外国語の駅名と地名
操車場跡地に進出したショッピングモール「ららぽーと」にちなむ正式な町名、埼玉県三郷市新三郷ららシティ。地理院地図より

ては他にアイヌ語山名のニセコアンヌプリに由来するニセコ町)、この市ではローマ字(英語)表記に悩んだようで、Minami-Alps City としている。さすがに Aru-pusu という綴りには抵抗があるものの、South-Alps City では「やり過ぎ」感もあるから、折衷案だろうか。

市町村内の町名に外来語系のカタカナが混じるものは非常に多い。新興住宅地系ではさいたま市西区プラザ、神奈川県横須賀市ハイランド、長崎県諫早市多良見町シーサイド、佐賀県多久市北多久町メイプルタウン、北海道深川市納内町グリーンタウンなど枚挙にいとまがない。中には横須賀市・福井市・土佐清水市の「グリーンハイツ」をはじめ、岡山県倉敷市倉敷ハイツ、同県里庄町新庄グリーンクレスト、三重県鈴鹿市鈴鹿ハイツ、広島県府中町瀬戸ハイム、静岡県三島市富士ビレッジ、岐阜市コモンヒルズ北山のようにマンション名と見紛うばかりの「傑作」もある。

各自治体が誘致に熱心な工業団地では、昨今のIT産業の隆盛などを反映してか、大阪府和泉市テクノステージ、兵庫県三田市テクノパーク、岐阜県各務原市テクノプラザなどの「テクノ系」が最近になって目立つようになっているし、同じ工業団地系でも岐阜市三輪ぷりんとぴあ（印刷工業団地）という合成英語（？）の平仮名町名もある。

その他では埼玉県三郷市新三郷ららシティ（ららぽーとに由来）、下関市ゆめタウン（ゆめタウンに由来）などのショッピングセンター系、高速道路のインターチェンジに由来する宇都宮市インターパーク、会津若松市インター西、八戸市北インター工業団地などの高速道路系などさまざまだ。今のところ「ゲートウェイ」を含む町名はないようだが、ここまで何でもありの外来語系地名が横溢する現代日本にあっては、件のエリアでも駅名に合わせた「高輪ゲートウェイ三丁目」が出現する可能性も高いのではないだろうか。

響き渡る地名

京都に住んでいた友人に、「子供の頃にポンポン山へハイキングに行った」という話を聞いた。どうせ通称だろうと思って地形図で確かめたら本当に「ポンポン山」と記されていて驚いたものである。山頂の標高は六七八・八メートル（三角点）、京都市西京区と大阪府高槻市の府境に位置していて、『角川日本地名大辞典』によれば、山名の由来は詳らかでないものの、山頂に立って足踏みをするとポンポンと音がしたことによる、との俗説も紹介されていた。

『角川』にはもうひとつ、埼玉県比企郡吉見町田甲のポンポン山（標高三八メートル）が載っていて、やはり「地面を踏み鳴らすとポンポンと鼓のような響きがする」とある。その原因として地下に洞穴があるという説（吉見百穴とは関係ない）、それにローム層と砂岩の境界面で音波がはね返るので音がする、という二つの説が紹介されていた。

さらに調べてみると北海道の屈斜路湖の東側、川湯温泉の裏山にもポンポン山があって、地元の「弟子屈町観光情報ポータルサイト」を見たら、やはり「地面を踏むと内部が空洞のようにポンポン音がする」説の他に、「ポンポンヌ（小さな各所から吹き出している熱泉）」というアイヌ語由来説も併せて紹介していた（現在では後者は削除）。

そんな「音にまつわる地名」は意外に各所にあるのだが、その代表例といえばトドロキ地名だろうか。東京都世田谷区の等々力（とどろき）は知名度が高いが、表記はいかにも当て字で、地名の由来は谷沢（矢沢）川の近くにある不動滝の轟音（ささやかな滝であるが）とされている。等々力と表記する地名は他にもいくつかあり、山梨県甲州市の等々力は急流の日川（ひかわ）に面しており、ワイナリーもいくつかある。長野県安曇野（あづみの）市の等々力（穂高の一部）もやはり穂高川が近い。

トドロキ地名で最も多いのは当て字でない轟、もしくは二文字にした轟木が一般的だ。轟は山形県米沢市、福井県越前市、京都市北区、兵庫県豊岡市・養父（やぶ）市、熊本市北区、轟木は岩手県花巻市、新潟県上越市、兵庫県淡路市、佐賀県玄海町・鳥栖（とす）市、鹿児島県徳之島町など多い。駅名で「とどろき」を名乗るのは前述の世田谷区にある東急大井町線等々力駅の他は、青森県のJR五能線の驫木（とどろき）駅（深浦町）がある。『西津軽郡史』には「花山（かざん）天皇が譲位後この地を通過した際に、従者の馬三頭が暴れ出したのを見て、斗ロ木を驫木にせよといわれて改めた」とあるそうだ。いかにも字面から創作したような匂いが濃厚だが、ここは海沿いなので波濤のトドロキかもしれない。ちなみに福井県のえちぜん鉄道の轟駅は「どめき」と読む。当て字のトドロキ地名には二十六木（秋田県由利本荘市）、廿六木（山形県庄内町）があるが、いずれも十が二つでトド、六木でロキという遊び心を感じさせる当て字だが、庄内の廿六木は江戸期に轟木村と表記したこともあるそうだ。

似た地名に百々があるが、これも大字レベルでは群馬県伊勢崎市、山梨県南アルプス市、愛知県田原市、岡山県津山市・美咲町の五か所もある。南アルプス市（旧白根町）の百々は『角川』によれば「御勅使川の水の流れる音、百々（どんどん）にちなんだものと考えられる」とある。千葉県袖ケ浦市のJR久留里線東横田駅前を地形図で見るとドンドンという片仮名の地名が印象的だ。大字横田の小地名（小字または通称地名）であるが、近くに百目木もあり、後者は蛇行を繰り返す小櫃川の流れの音が起源とされており、ドンドンもその類だろうか。

ドウメキ（ドメキ）はその百目木の他に道目木（秋田県大館市）、それに前述の轟駅の他に、百目鬼という姓にもなっている。高知県四万十市（旧中村市）には百笑町の表記が珍しいが、やはり四万十川に面していて「川瀬の音がどよめくことによる」という由来があるようだ。多数の人が同時にどっと笑うイメージはどこから発想したのだろうか。

四国の愛媛県今治市役所のすぐ近くにはドンドビ交差点がある。初めて見た人には何だこれはという印象だが、漢字で「呑吐樋」と書けば由来ははっきりする。潮汐差の大きな瀬戸内海に面した今治では満潮時に海水が内陸まで入り、干潮になれば海に向かっ

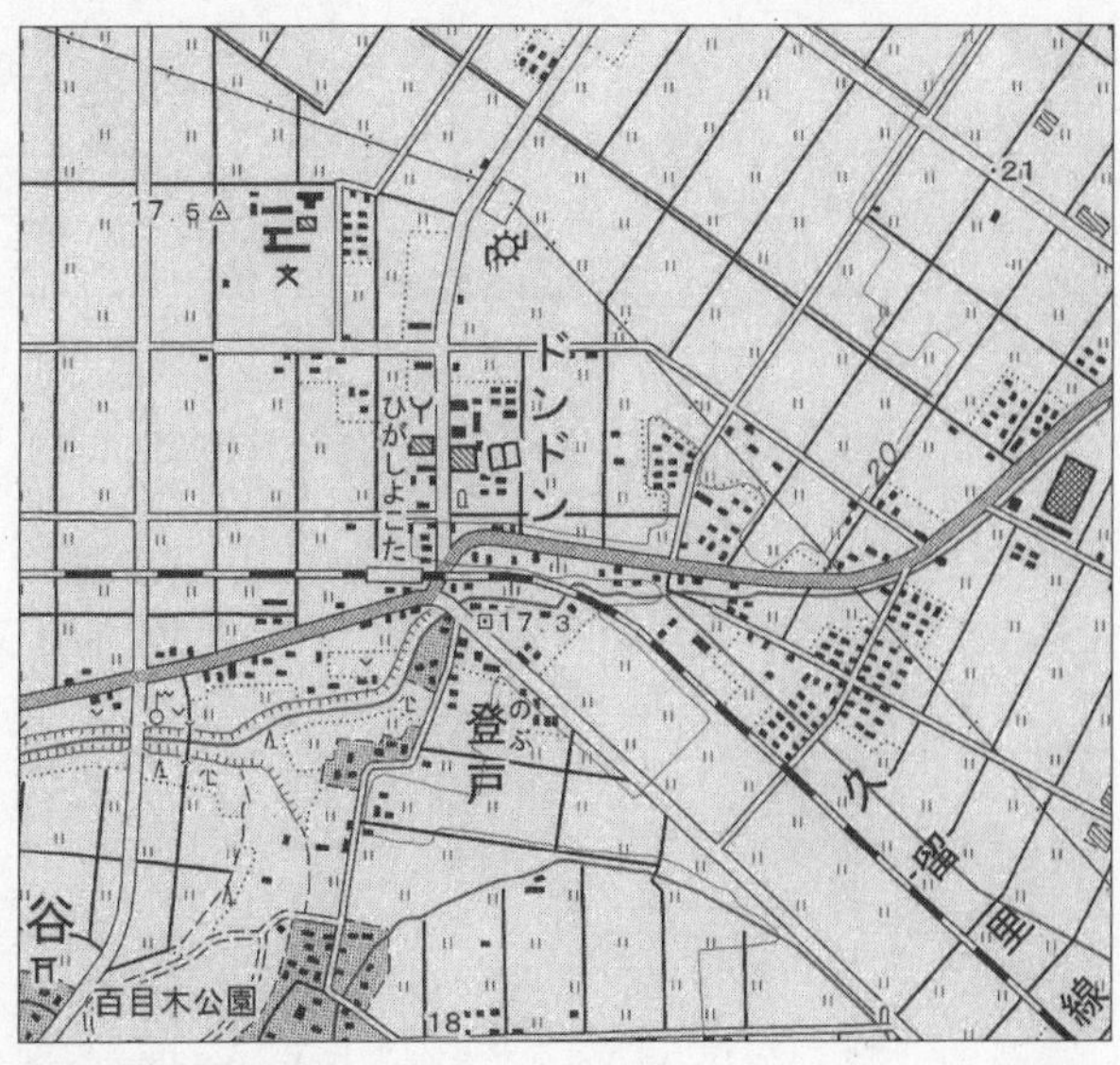

図20　響き渡る地名
木更津からJR久留里線で5つ目の東横田駅前にあるドンドン。左下の百目木も含めて水音に由来か。1：25,000「上総横田」平成19年更新

て流れ下るので、これを調整する樋門のことだという。

擬声語に関する地名も探せばあって、たとえば箱根の強羅。一説には早雲山や大涌谷あたりからの土石流によってぶちまけられた石がゴロゴロ（ゴラゴラ？）散らばる土地であったというし、野口五郎岳（長野県と富山県の境）などいかにも人名に由来するように見えて、実は岩のゴロゴロした様子から来ているという。周辺が風化した花

崗岩で巨礫や大石・小石がゴロゴロ転がったいわゆる「ガレ場」であり、ゴーロと呼ばれたのに人名のような字を当てたのだそうだ。黒部五郎岳も同様である。兵庫県芦屋市の六甲山中にある「ごろごろ岳」も、花崗岩が多い場所だからガレ場由来と思いきや、標高が五(ご)六(ろ)五(ご)・六(ろ)メートルだったことにちなむというから、わからないものだ。ちなみに阪神大震災以降の三角点の標高は五六五・三メートルに変わっている。

第三章　山河・道・駅・橋

山・岳だけではない山の名前

富士山、天王山、高尾山、天保山、立山、愛鷹山。読みは音読みのサン（ザン）とヤマのどちらもあるが、三〇〇〇メートル級から小さな築山のようなものまで多種多様で、もちろん山が付くものが多数派である。同じ山の字でもセン（ゼン）という呉音の読みを持つ例もあって、たとえば鳥取県と岡山県にまたがる大山やそのすぐ近くの蒜山、氷ノ山（鳥取・兵庫）など、この系統は中国地方に集中している印象だ。

次に多いのが岳（タケ・ダケ）である。槍ヶ岳とか北岳、八ヶ岳、剱岳など各地で見られ、心なしか立派な山が目立つ印象もあるが、それもそのはずで岳の字は「高い山」「険しい山」といった意味を持っており、実例を見れば納得できなくもないが、日本一の富士山や鳥海山、白山といった立派な「山」もある一方でそれほど高くも大きくもない「岳」もあるので一概には言えない。

中には御嶽山（長野県）や大岳山（東京都）のように岳（嶽）と山が同居する山もあるが、木曽の御嶽山は単に「おんたけ」「みたけ」とも呼ばれており、他を圧するとりわけ立派な山には、いわば「先生様」のようなダブル敬称を付けたくなる気持ちもわかる。大きな独立峰は古代から「ご神体」として崇められることも多く、宗教登山の対象でもあったから、敬称が付くのは自然な成り行きであろう。木曽ほど高くはないが東京都にある御岳山もやはり尊称である。他にも伊豆諸島の御蔵島のまん中に聳える山は御山（八五〇・九メートル）だし、同じオヤマでも三宅島の方は雄山と表記する。ただしこちらも「雌山」があるわけではないので、御山と同じ起源ではないだろうか。

ちなみに混用される嶽・岳の字はそれぞれ旧字・新字とされているが、古くから双方とも用いられており、岳父とか岳陽などの地名では嶽の字は用いられないので単純な新旧ではない。『漢語林』では岳を「嶽の古字」としている。蛇足ながら東京都の御岳山（戦前の地図では御嶽山）は現在のケーブルカーの駅名が「御岳山」であるのに対してJR青梅線の駅名は御嶽駅と異なっている。

東北地方に特徴的なのは森である。森は現代語では「木が多く生えている場所」を指すが、青森県から宮城県あたりにかけては山そのものを指すことが多く、岩手県に最も多い印象だ。同県には亀ヶ森（宮古市）、鳥ヶ森（花巻市）、宇部ヶ森（久慈市）、天ヶ森（遠野市）、鈴ヶ森（一関市）、竜ヶ森（八幡平市）、石ヶ森（滝沢市）、毒ヶ森（雫石町）、駒ヶ森（大槌町）、姫ヶ森（軽米町）、など非常に多く、宮城、秋田県などにも広く分布している。中には栃ヶ森山（岩手県奥州市）、番ヶ森山（宮城県利府町）、笠ヶ森山（福島県須賀川市）などさらに山の語を重ねたケースも目立つ。こちらはおそらく近年になって山名であることを強調したものではないだろうか。

そういえばドイツ南西部の「黒い森」と訳されることの多いシュヴァルツヴァルトは有名だ。普通名詞のヴァルト〈Wald〉は森と訳すが、この場合は「黒い山地」と訳すべきものである。日本の山に戻るが、山という言葉は必ずしも標高的に周囲より高い場所とは限らず、それよりも「木が生えている場所」を指して平地林も含めて「山」と呼ぶこともあるのは興味深い。

ミネと呼ばれる山も多く、峰・峯・嶺などの字が当てられるのが一般的だ。代表格といえば奈良県の大峰山(おおみねさん)だろうか。修験道の根本道場として現在も「女人禁制」が守られている稀有な山として知られているが、ここもかつては単に「大峰」と称していた。一帯が大峰山脈と呼ばれるが、大峯山寺(おおみねさんじ)が山頂にある山上ヶ岳(さんじょう)(一七一九メートル)や、近畿地方最高峰である八経ヶ岳(はっきょう)(一九一五メートル)などを含む広範囲の総称である。津軽半島の西海岸には砂丘が連なっているが、そのひとつの小ピークに往古之木嶺(おこのきながれ)(七八メートル)がある。ナガレというのは細長い地形に付くとされ(流の字も用いられる)、なるほどこの山も東西に細長い。

山や岳、峰などが付かない山も意外に多く、国土地理院の調べでは二四〇種類に及ぶというから驚きだ。神奈川県の丹沢山地には檜洞丸(ひのきぼらまる)(一六〇一メートル)という山があり、山梨県と静岡県にまたがる山伏(やんぶし)(二〇一三メートル)は山伏岳と呼ばれることもあ

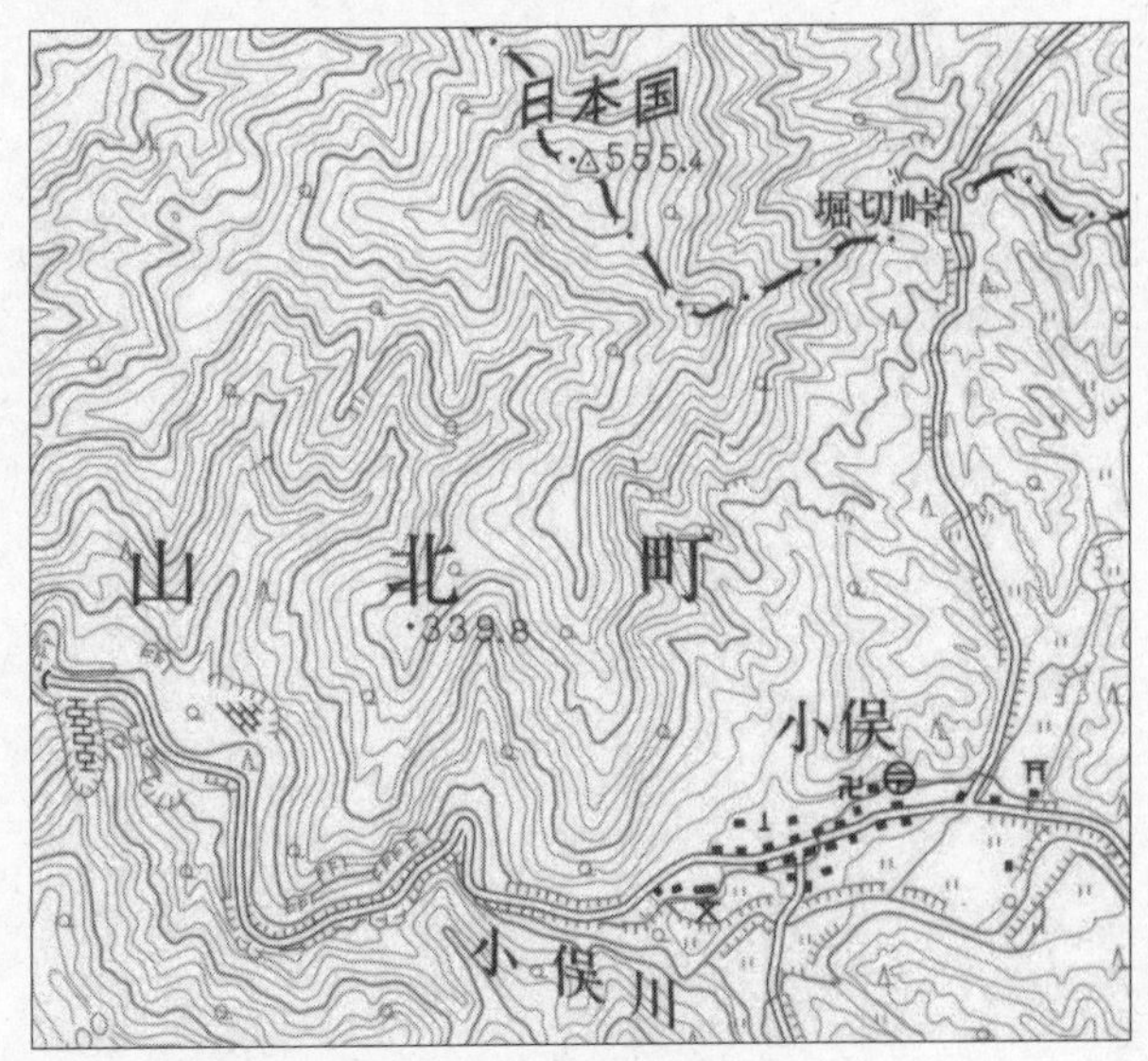

図21　山・岳だけではない山の名前
山形県と新潟県の境界に位置する謎の山名・日本国。かつて「ここまでが日本国だった」という説も。1：50,000「温海」平成２年修正

るが、現在の地形図上では山伏となっている。珍しいものとしては山形・新潟県境に位置する日本(にほん)国(こく)（五五五メートル）だろうか。由来は謎であるが、大和朝廷の頃にここが蝦夷地との境界とされたことから「ここまでが日本国」というもの、江戸期にここで獲れた鷹を領主に献上したところ、「獲れた山を日本国と名付けよ」としたなど諸説ある。

独立峰ではなく連なった山体の小ピークには頭(かしら)

の付くものが目立ち、槍ヶ岳の西にある笠ヶ岳（岐阜県）の南側にはクリヤノ頭、国内二番目の高さの南アルプス北岳のすぐ西には中白根沢ノ頭、東にはボーコン沢ノ頭がある。また大きな火山の中腹に突出した側火口（側火山）には、たとえば富士山の二ツ塚、浅黄塚、腰切塚、阿蘇山の米塚（こめづか）、本塚（ほんつか）、北塚など数多い。山の姿が千差万別であるように、呼び名も実に多様である。

坂の地名

日本は山国なので、移動する時にどうしても標高差を避けられない土地が多い。そこで作られる勾配のある道が坂（坂道）である。坂の付く地名は全国各地に数多く分布しているが、市名に限定すると「○坂」という名前が付いているのは全国でも長野県須坂（すざか）市だけで、阪の字を含めると大阪市、大阪府東大阪市、三重県松阪（まつさか）市の三市が入るという意外な少なさだ。

大阪が近世までは大坂と書くことが多かったのはよく知られている（大阪もあった）。これが「大阪」に改められたのは、坂という字が「土に反（返）る」のがよろしくないとされたためで、同じような意味を持つ阪の字に替えたという。伊勢の松阪もかつては松坂の表記が多く用いられていたが、大阪に倣って明治期からは松阪に統一している。

当然ながら坂の上下を表わす地名は多く、最も多いのは坂本（坂元・阪本など）だろうか。モトだから坂の下である。宮城県山元町の坂元は大神坂と称する坂の麓に位置するのが由来だとしているし、埼玉県飯能市坂元も正丸(しょうまる)峠と南沢峠の坂下にあたることによるという。さらに神奈川県伊勢原市の坂本は大山・阿夫利(あふり)神社へ登る参道の坂下、富山県南砺(なんと)市の坂本も古代官道の坂下に位置することから名付けられたとされる。滋賀県大津市には比叡山へ上がる坂道の下に坂本と下阪本の町名がある。中山道が碓氷峠を越える手前には上州坂本宿（群馬県安中市）だ。

坂本と同じ意味で坂下という地名も多く、中央本線の坂下駅（岐阜県中津川市）もやはり文字通り坂の下の土地から来ているそうだ。ちなみにその上流側には対のように川上という地名がある。かつては「かおれ」という珍しい読みだったが、昨今は漢字に影響されて「かわうえ」になった。岐阜県下呂市馬瀬(まぜ)の川上は今も「かおれ」と読んでいるけれど。

さてその坂下駅から中央本線で三つほど名古屋へ進むと美乃坂本(みのさかもと)駅があって、これは古代東山道(とうさんどう)の神坂(みさか)峠の麓に由来するという。リニア新幹線の「岐阜県駅」予定地として脚光を浴びているが、なぜ美濃(みの)でなくて美乃(みの)なのかといえば、駅が設置された大正六年（一九一七）当時は、地元で画数の多い美濃を簡略化して「美乃」と書くことが普通に

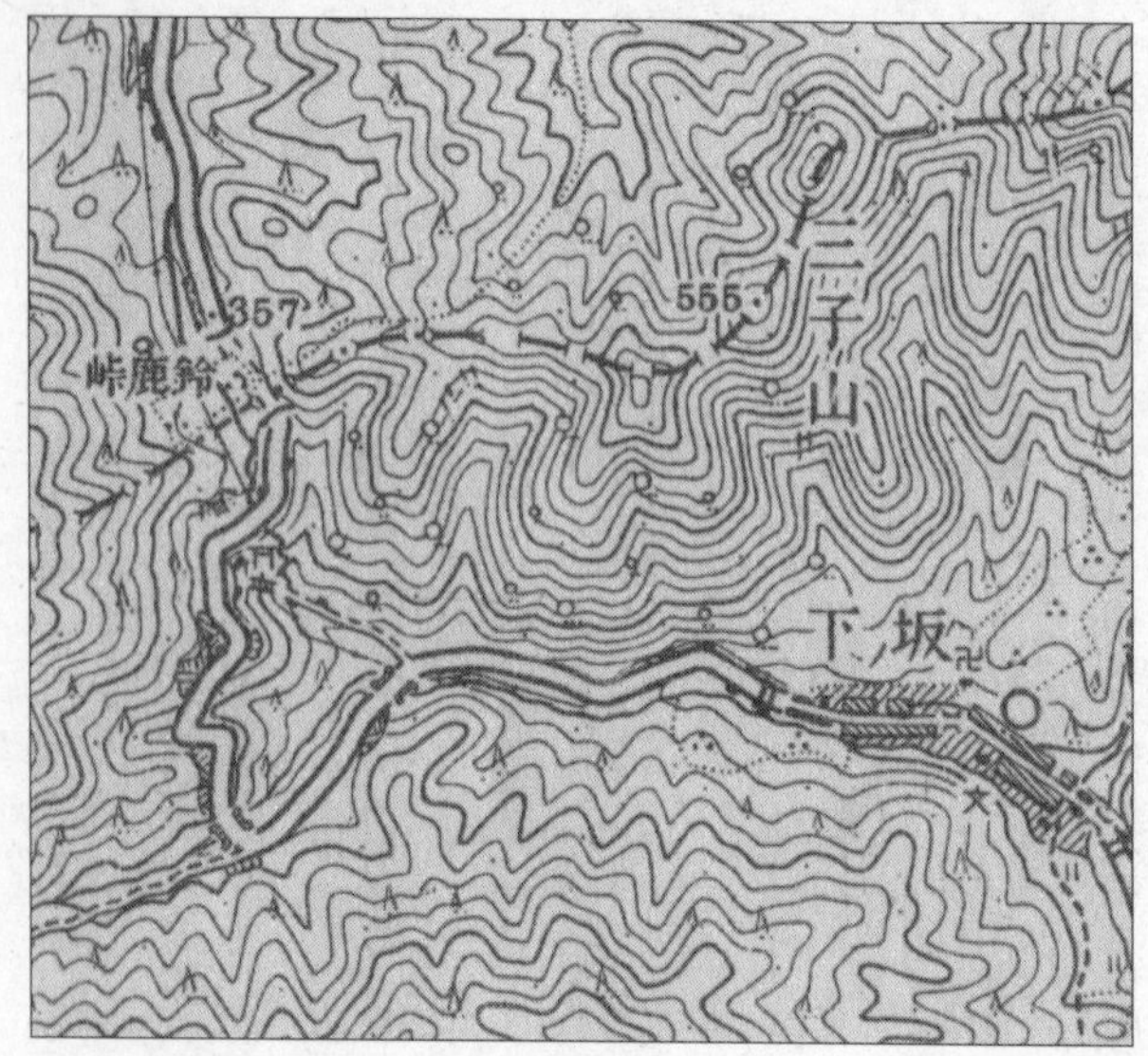

図22　坂の地名
鈴鹿峠への坂道の下方にある東海道坂下（坂ノ下）宿。近くには道中安全を祈った「沓掛」の地名もある。1：50,000「亀山」昭和12年修正

行われていたからだという。それでも他に美濃の付く駅が数多い（美濃赤坂、美濃太田、美濃白鳥（しらとり）など）中で、略字を用いているのはここだけだ。

鉄道の駅ではないが東海道五十三次の宿場には坂下（さかのした）（坂ノ下・阪之下とも）宿がある。こちらは鈴鹿峠の直下のまさに坂ノ下に位置している。

「さかした」と読まない例では福島県会津坂下（ばんげ）町が珍しい存在だ。語源としては崖を表わすハケ・バケが転訛したとされて

いるが、実際に西に聳える山地から見て坂下に位置することも加味したのではないだろうか。いずれにせよ昔からバンゲと呼んでいる土地である。ちなみにJR只見線の会津坂下駅は前述の中央本線坂下駅と区別するために会津を冠したものだ。昭和三〇年（一九五五）に坂下町ほか五村が合併した際にこの「会津つき」の駅名が自治体名として採用されている。

もうひとつ坂下という地名で珍しい読みとしては岐阜県下呂市小坂町坂下（さこれ）がある。難読であるが「さこり」とも読むそうで、サカ＋オリ（坂下り）と考えれば納得できるのではないだろうか。JR高山本線の車窓から見える東上田ダムの対岸の地域である。難読であるから濃飛バスの停留所は「さこれ」と平仮名になっている。

東京都二三区内にはかつて「坂下町」がいくつもあった。都心部の方から挙げていくと、まずは麻布坂下町。西の台地からの坂下にあたることが起源というが、昭和三七年（一九六二）に麻布十番の一部となって消滅している。文京区駒込坂下町は道灌山（どうかんやま）下から団子坂下にかけての不忍（しのばず）通り沿いで、文字通り坂下の町だった。こちらも昭和四〇年（一九六五）に千駄木の一部となって消えている。同じ区内の大塚坂下町は富士見坂の下にあることに由来するが、これも昭和四一年（一九六六）に大塚の一部となった。品川区にも大井坂下町があった。他の坂下町と同様に住居表示法の嵐が吹き荒れていた昭和三九年（一九六四）に南大井の一部となって消滅。坂の街・江戸以来の町名が戦後までいくつも残っていたのに、実に惜しいことをしたものである。他にも富坂とか菊坂町など東京にあった坂の町名は実に多くが失われた。ぜひとも復活を望みたいところだ。余談ながら志村坂上駅、中野坂上駅という坂上の駅はある。

町名地番整理でおかしなことになったのが日野市の大坂上という町名である。もとは日野市大字日野の一部（字大坂西・大坂上・姥久保上ほか）であったが、甲州街道が日野台地に上る坂の上に由来する大坂上の小字を採って町名にした。それはいいのだがエリアを坂の下まで含めたため、中央本線日野駅前のロータリーなど、坂を下りきった場所なのに大坂上を名乗ることになってしまった。都市計画担当者は、くれぐれも等高線のない地図に線を引いてはいけない。

「岬」を意味する岬の名前

青森の駅で列車から青函連絡船に乗り換えたことのある世代にとって、「津軽海峡・冬景色」の歌詞は心に響く。少なくとも昭和五〇年代まで飛行機というのは金持ちの乗り物だったから、普通船室は混んでいた。そのカーペットの隅に居場所を確保して一段落、ほどよい時間に甲板へ上がってみると、進行方向左手に見える津軽半島が途切れた向こう側の突端が龍飛崎（竜飛崎）である。あのヒット曲のおかげで、二番の冒頭で歌われる難読のタッピは誰もが読めるようになったのだが、ザキではなく「ミサキ」が日本国民の耳に刻まれてしまった。しかもこの岬が「北のはずれ」と誤認されやすく、作詞した阿久悠さんの意図とは別に「本州最北端」と誤解されてもいる。本当の最北端は下北半島の大間崎（こっちもザキだ）だが、野暮なことはこれくらいにしておこう。ちなみに岬はミという接頭語の付いたサキ（先端）なので、意味としては同じことだ。

さて、北海道の東端・根室半島の先端は、北方領土・歯舞群島の貝殻島とは目と鼻の先の納沙布岬である。同じく北端の宗谷岬の西に位置して対をなしている岬は野寒布岬（住所は稚内市ノシャップ二丁目）。どちらも岬の先端近くに集落があるのが共通しているが、それもそのはずで、アイヌ語の原義では（どの原語を採るかには諸説あり）岬の前の集落といった意味らしい。そもそもノッにはアイヌ語で顎または岬という意味があり、ケ（～の所）を付けたノツケは岬の所。対岸に国後島を望む野付崎・野付半島はまさにそのものズバリである。

ついでながら北海道の北東端にある知床岬はシル・エトク、すなわち大地の先端－地の果てを意味するのは有名だ。これを知ってから外国の岬を調べてみると、英国イングランドの南西端、コーンウォール半島の先端は同様の意味をもつランズエンド〈Land's End〉岬だし、その対岸のフランス、ブルターニュ半島の先端には「地の端」を意味するフィニステール〈Finistère〉県がある。さらにスペインの西端、イベリア半島の角の岬もやはりフィニステレ〈Finisterre〉岬（現地のガリシア方言ではフィステラ〈Fisterra〉）と称する。洋の東西を問わず感覚が共通しているところは興味深い。ついでながら、この岬より南側のリアス地方は小さな半島と入り江が交互に並んで入り組んでおり、これがリアス（式）海岸の由来だ。

日本国内に戻ろう。九州の最南端にあるのは佐多岬であるが、四国の最西端は佐田岬という。これは偶然の一致だろうか。調べてみるとサダとは古語で「先立つもの」「先頭に立つもの」を意味するそうで、これを当てはめれば意味は岬そのもの、ということになる。四国最南端に位置する足摺岬も、実は古代にはサダ岬と呼ばれていた。表記は蹉跎岬（崎）で、この熟語は「つまずく」という意味で、それが転じて「差し障りができて時機を逸する」「生活が思うようにならない」「失敗する」の意味でも用いられる。なぜ「つまずく」の字を宛てたのかといえば、岩場の岬で危ないニュアンスを加えたかったのかもしれない。

同じ四国の中で、しかも直線距離で一一五キロという近さに同じサダ岬があっては不便であるためか、鎌倉時代以降は蹉跎を訓読みで「あしずり」と読むようになったという。これら三つのサダ岬を比べてみると、いずれも断崖絶壁の地形が共通している。サダは現代語で言えば単なる先端なのかもしれないが、岩場がそそり立つ先端だけを指し

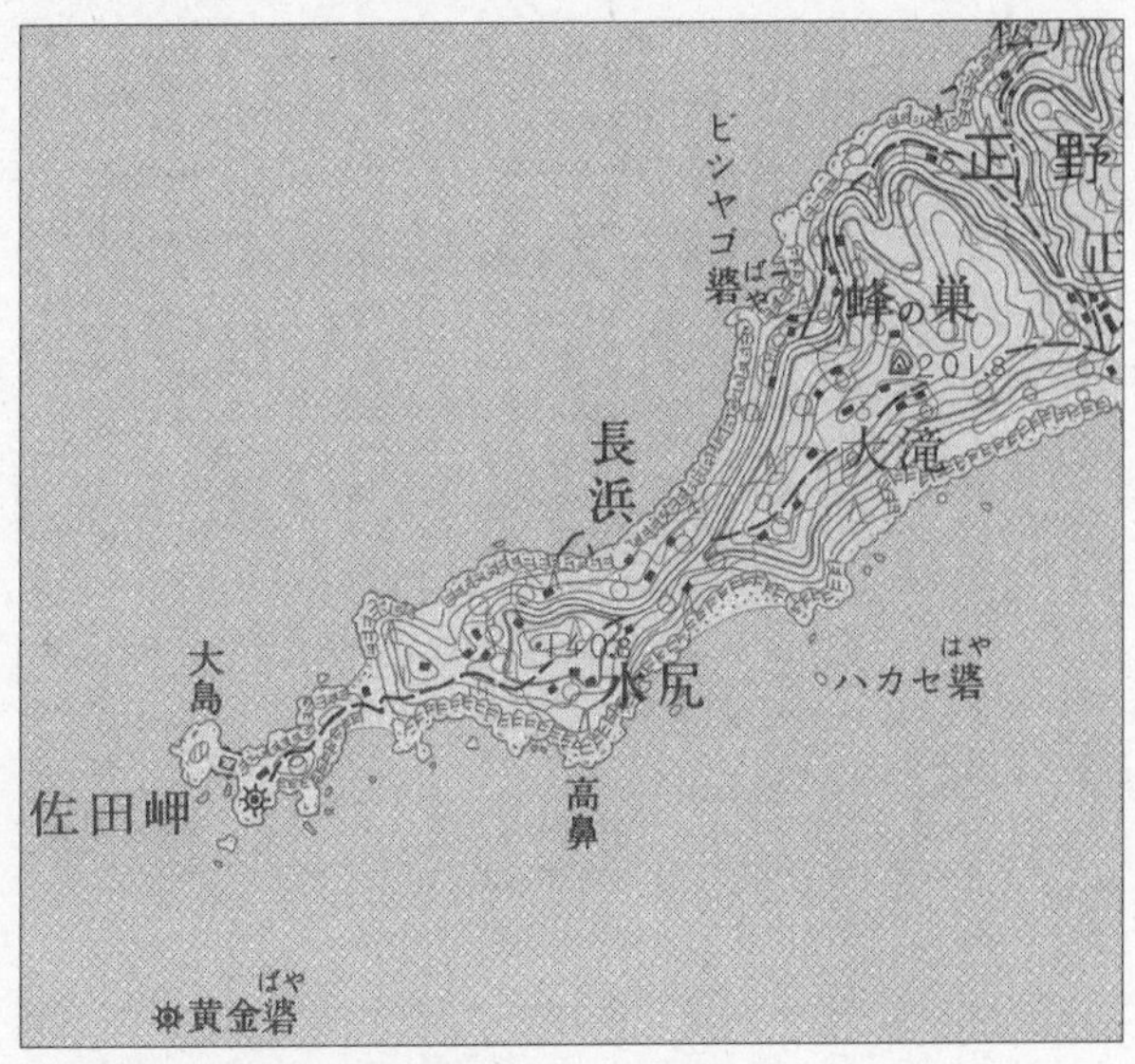

図23　「岬」を意味する岬の名前
四国最西端に位置する佐田岬。先端を意味するサダには「険しい」という意味合いも。碆は岩礁。1：50,000「伊予三崎」平成元年修正

た可能性はないだろうか。地名研究者の吉田茂樹氏は『日本地名ルーツ辞典』（池田末則・丹羽基二監修・創拓社）の中で蹉跎に関連して「足スリとは、急崖の斜面が多くて足のすべりやすい危険な場所を意味する」としている。

さて岬・崎の他に用例が多いのが「鼻」である。前述の佐多岬のすぐ近くにある大瀬鼻など、北海道から沖縄まで全国に分布しているが、岬や崎より比較的小さな突端に用

いられることが多い。顔の鼻と同じイメージだろうか。ハナといえば鼻だけでなく先端も意味し、今でも「ハナから相手にしない」といった具合で用いられているし、韓国・朝鮮語でもハナは数字の一を意味する（日本語のイチではなく「ひとつ」に該当）。そもそも鼻という語も「顔における先端」という意味合いで使われていたのではないだろうか。

最後にサキの表記について。海上保安庁が刊行している海図では伝統的に「埼」の字を用いている。房総半島南端の野島崎（のじまざき）が海図では野島埼、三浦半島の観音崎（かんのんざき）は観音埼という具合だが、この表記の基準は戦前から海図では統一されてきた。陸の地図では原則として崎が用いられており、犬吠埼（いぬぼうざき）（千葉県）、日ノ御埼（ひのみさき）（和歌山県）などはごく少数の例外だ。

海上保安庁の説明によれば、埼という字の原義が「海岸に突出した陸地の突端」を意味するのに対し、崎は山の険しいことを指すことから、明治期の海軍水路部時代から埼を用いてきたとのこと。これに対して国土地理院の前身である陸軍陸地測量部では崎を伝統的に使ってきた経緯があり、結果的に両者で異なる表記と相成った。もちろん統一しなくても実害があるわけでもないが。ちなみに島根県の日御碕（ひのみさき）は石偏という変わり種だ。

山地の名前

先日、岩手県二戸市から久慈行きのバスに乗って北上山地を越えた。どんなコースをたどったか概観しようと『高等地図帳』（二宮書店）を見たら、山地ではなくて「北上高地」と記されているではないか。昔はたしかに北上山地と習ったはずなのだが、と思って高校の時に使った同じ『高等地図帳』（昭和五〇年発行）を引っ張り出してみると、やはり覚えていた通りの北上山地。さらにその三年前の『中学校社会科地図』（帝国書院）で確かめてみても、やはり同じく北上山地に間違いない。奥付には、自然地名の表記が当時の文部省の「地名の呼び方と書き方」に準拠している旨明記されている。

いろいろと調べてみると、どうやら山地の中でも凹凸の起伏が比較的小さなものが高地と呼ばれるらしい。この四〇年ほどの間にその定義が文部省—文部科学省として変更されたのだろう。思えば鎌倉幕府の成立年を、私の年代では源頼朝が征夷大将軍に任じられた年をもって一一九二年（イイクニ作ろう鎌倉幕府）と習ったものだが、現在では頼朝が朝廷から守護・地頭の設置を認められ、事実上の土地支配権を握った一一八五年が教科書に記されているそうで、地理的な名称も絶対不変というわけではない。

他にも高地を探してみると、福島県の阿武隈高地や岐阜県北部の飛驒高地（高山市を中心とするエリア)、京都府北部の丹波高地など、意外に各地で用いられていることがわかった。これらも昭和五〇年の『高等地図帳』ではすべて阿武隈山地、飛騨山地、丹波山地となっていたものである。

山地の中でも山がひと連なりに続いているのを特に山脈と呼ぶが、これも定義は今ひとつはっきりしていない印象だ。たとえば飛騨山脈(いわゆる北アルプス)や赤石山脈(南アルプス)、そして木曽山脈(中央アルプス)などは文句の付けようのない高山の連なりを持つ山脈であるが、奥羽山脈などはひと味違う。青森県から福島県に至るあまりに広いエリアにまたがっているので、実際には途中何か所も山並みが途切れている個所がある。これに対して四国山地などは、峰の連なり方を見ればむしろ山脈と呼びたくなる。要するにこれらの呼称には必ずしも数値的な区分があるわけでもなさそうで、慣習的な呼び方が影響を与えているという印象も拭えない。

ためしに戦前の中等学校地図帳である『新日本地図』(冨山房　昭和一三年発行)を覗いてみれば、これがまた違った。北上高地はなんと北上山脈となっているし、阿武隈高地は阿武隈高原、飛騨高地も飛騨高原であった。中国山地・四国山地・九州山地はいずれも山脈になっているなど、用語そのものの定義もだいぶ異なっていたようだ。いずれにせよ、地元住民が明治や大正の頃に「奥羽山脈」や「四国山地」などと呼んでいたとは思えないけれど。

さて、これらの広域の山地や山脈が地図に載る場合、どのくらいの縮尺の地図に載るかといえば、大規模な山地は二万五〇〇〇分の一くらいの大きな縮尺の地形図には載らない。何百キロもの長さを持つ奥羽山脈が載っていたらおかしいが、地形図であっても規模によっては山地・山脈が例外的に掲載されることもないわけではない。たとえば日本一小規模な山脈（南北約一四キロ）として知られる新潟県胎内（たいない）市と新発田市にまたがる櫛形（くしがた）山脈は、二万五〇〇〇分の一にもちゃんと載っている。

外国の山脈の表記は、また別の難しさも抱えている。まずは翻訳の問題。どのように、どこまでの範囲を訳すかは議論の分かれるところらしく、たとえばオーストラリア大陸の東岸に沿って南北に連なる〈Great Dividing Range〉は、昭和五〇年（一九七五）発行の前出『高等地図帳』ではその名も「大分水嶺山脈（だいぶんすいれいさんみゃく）」としてあるし、中学の時の『中学校社会科地図』では「大ジバイジング山脈」と異なる。

当時は「ディ」という片仮名表記を採用していなかったからでもあるが（たとえばメキシコシチーなどと表記）、『高等地図帳』は全部翻訳してしまったわけだ。うるさいことを言えば、「大分水嶺」だけで済むところを、やはり三五〇〇キロ以上も長く続く巨大さに敬意を表してか、山脈も加えている。重複を避けて「大分水山脈」でも迫力に欠ける。ちなみに現在の二宮書店『高等地図帳』は、「グレートディヴァイディング（大分水嶺）山脈」で、「ディ」も「ヴァ」も使って原音に近づきつつ、訳語をカッコに入

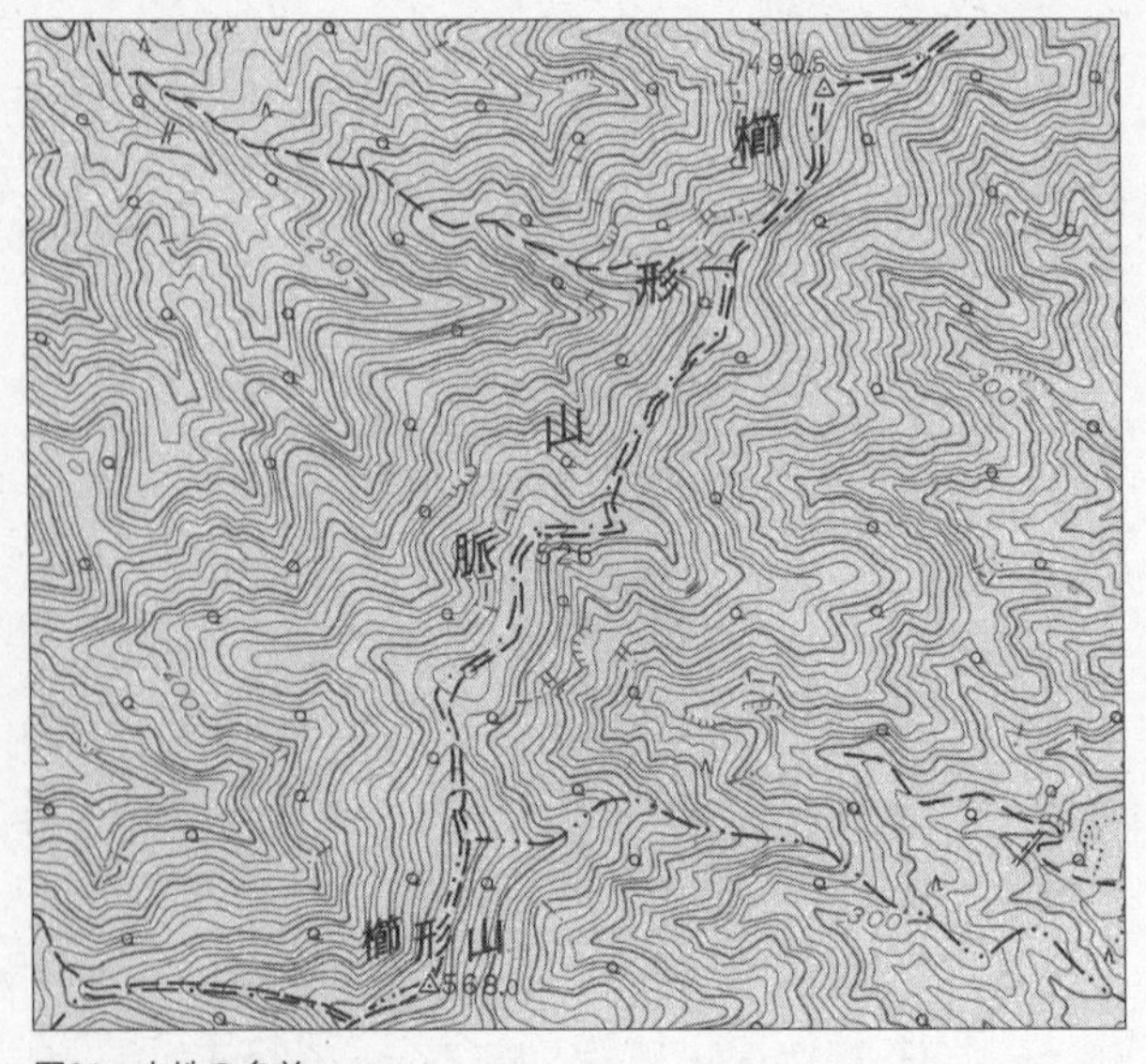

図24　山地の名前
小規模な山脈名は例外的に地形図に載ることも。新潟県北部にある日本最小の山脈・櫛形山脈。1：25,000地形図「中条」平成13年修正

れる念の入れ方だ。

ヨセミテ国立公園のある米国西海岸のシエラネヴァダ山脈も意味が重複している。シエラ Sierra はスペイン語で山脈の意味だから、「ネヴァダ山脈」とすることもできるだろう。しかし親切ついでに全部訳してしまうと「冠雪山脈」となってしまい、外国ではまったく役に立たないので、翻訳し過ぎないことも肝要である。ドイツでは〈Schwarzwald〉を現在の『高等地図帳』ではシ

ユヴァルツヴァルトと表記しており、「山地」など何も入れていないが、昭和四七年の『中学校社会科地図』では「シュバルツバルト（黒森）」と訳語付きだった。Wald は一般に森と訳すけれど、この場合は山地とした方がふさわしいので、これも難しい問題である。まあ、そこが外国地名の面白さではあるけれど。

湖と沼、そして池

地球上の水の九七・五パーセントを占めているのは海水であり、淡水はごくわずか。しかもその大半が地下水だから、地表を流れる川の水や湖水は全体から見れば〇・〇一パーセントにしかならず、真水というのは実に貴重な存在である。ところで湖と沼、そして池の違いは何だろうか。手元の『岩波国語辞典』（第四版）を引いてみた。


みずうみ【湖】（普通は、海に直接はつながらず）陸に囲まれ、かなりの深さのある水域。▽池や沼より大きいのを言う。「水海」の意。

ぬま【沼】どろ深い大きな（天然の）池。

いけ【池】地面に、ある程度の広さと深さとで、いつも水のたまっている所。大きな水たまり。「用水—」▽人工のものにも言う。

すぐに異論が出そうだが、実際に日本各地の湖・沼・池を眺めてみると、必ずしもこの通りにはなっていない。ためしに日本最大の湖である琵琶湖を調べてみると、古く淡江（おうみ）とか鳰海（におのうみ）などと呼ばれ、この淡江が遠い淡江（遠つ淡江—浜名湖のこと）と区別する意味で近つ淡江—近江という字が当てられて国名となった。「遠つ淡江」のある国は、当時の規定で漢字二字で表わした結果、遠江（とおとうみ）という国名になっている。

そもそも湖を意味する大和言葉は海と同じ読みの「うみ」であり、区別していなかったようだ。それが内陸の水域には漢字の湖を当てることになり、〇〇湖（〇〇のうみ）がそのうち「〇〇こ」と読まれるようになった。そういえばドイツ語でも海と湖はどちらもＳｅｅ（ゼー）だ。ただし海の方は女性名詞、湖は男性名詞であるため、冠詞や形容詞の格変化は異なっているが。

そんなわけで、たとえば箱根の芦ノ湖も、古くは「あしのうみ」と呼び、北東端にある湖尻（こじり）という地名もかつては「うみじり」だった。諏訪湖もかつては須波海（すわのうみ）と称したこともあり、同じ長野県内の、それこそ海から最も遠いところを走るＪＲ小海線に海尻・佐久海ノ口という二つの海つき駅があるのも、かつて八ヶ岳の溶岩が堰き止めた湖（海）が存在した証拠とする説もあり、海の字が塩辛い海ばかりに使われたとは限らない。海と湖の使い方がはっきり分けられたのは、おそらく明治以降だろう。

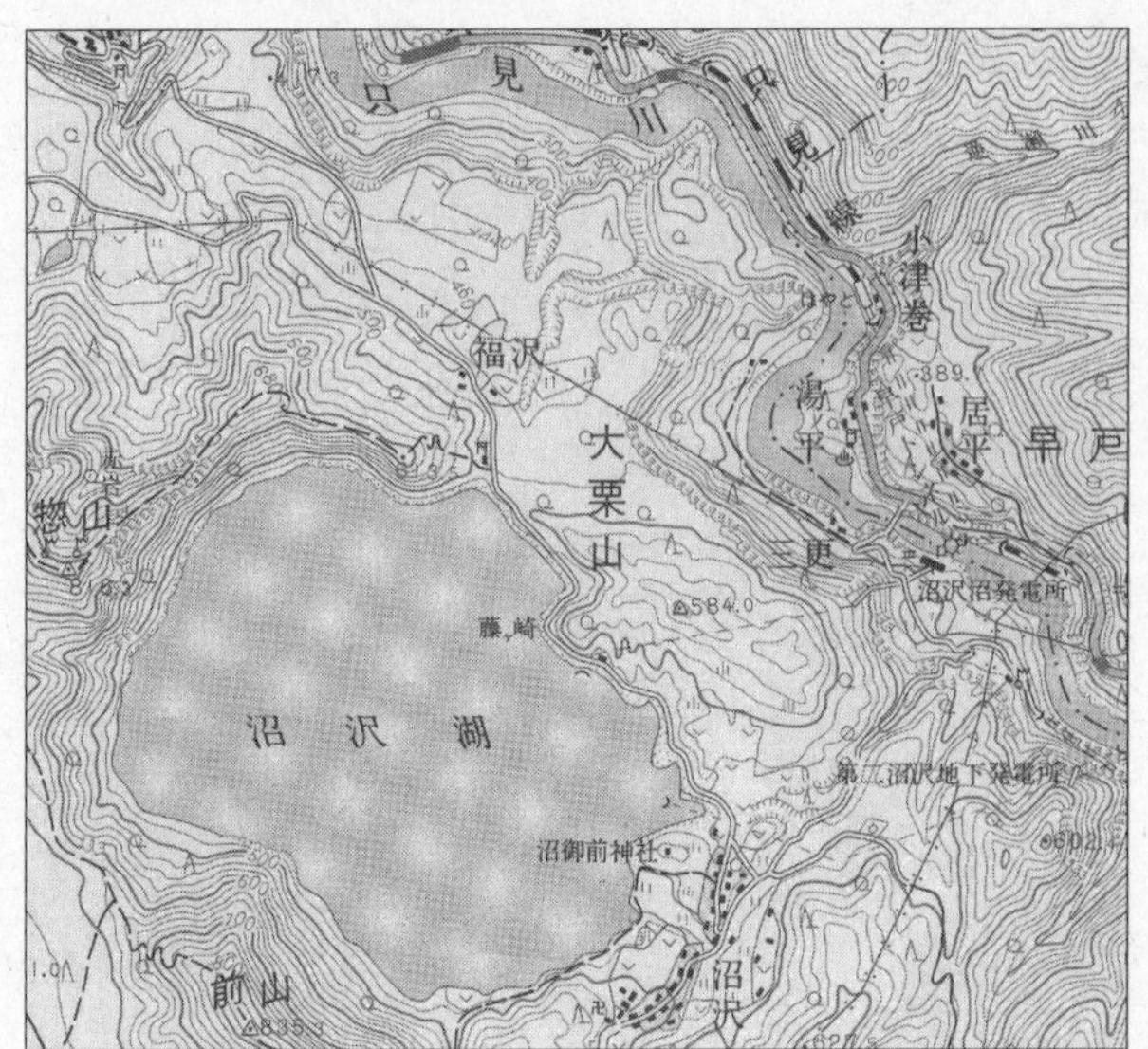

図25　湖、沼、そして池
かつては沼沢沼だった福島県の沼沢湖だが、右端に見える発電所の名称は「沼沢沼」を守っている。1：50,000「宮下」平成元年修正

次に沼であるが、先ほどの国語辞典の説明に「どろ深い」という一句があるように、どうもあまりいい印象がない。そのため従来の「沼」は徐々に「湖」に置き換えられる傾向が見られるようだ。たとえば青森県の小川原湖は今でこそこの呼び名が定着したようだが、戦前の地図を見ると小川原沼となっている。福島県会津の金山町にある沼沢湖はもっと最近まで沼沢沼と称していた。下から読んでも同じ珍し

い存在だったが、やはり近年の「湖化」の波はここまで押し寄せたようである。

埼玉県南部にはかつて見沼という沼があり、江戸時代にこれを干拓して田んぼにした。従前の沼の用水の代替措置としては「見沼代用水」が開削されている。干拓地は「見沼田んぼ」と呼ばれるようになって今に至った。そこで、さいたま市が政令指定都市になった後に行政区名のひとつを「見沼区」と決めたのだが、田舎くさい、不動産価値が下がるなどとして反対の声が上がったことがある。それだけ沼を忌避したがる人が多い証拠かもしれないが、イメージより実質を重視してもらいたいものだ。

池と沼の違いは先の国語辞典ではそれが明瞭ではない。命名された時代や地域差なども関係するので、現実に両者はすっきり区別できないというのが実状だろう。場所によっては池が「人工の溜池」を指し、沼が「天然もの」、という使い分けもあるようだがそれが普遍的というわけでもない。

強いて私の印象を言えば、沼はかつて旧河道や海だったところを砂洲が塞いで水が溜まったところが多い。国語辞典で「どろ深い」とあったように、泥は深いが水は浅い水域というのがおおむね当たっていそうだ。これに対して池は相対的に人工のものが多く、沼に比べて泥は浅く水は深い。そんなところかもしれない（歯切れが悪くてすみません）。特に西日本の池には溜池が多い印象で、東日本でも用水池が多いのはもちろんだが、上高地の大正池や朝日山系の大鳥池（山形県鶴岡市）のように山地で自然にできたものも目立つ。ついでながら、東北地方の溜池が「○○堰」と呼ばれるのも独特だ。川を堰き止める人工構造物の名が水域全体に及んだ例である。

沼の仲間には「潟」もある。かつては日本で二番目の湖であった秋田県の八郎潟もそれで、男鹿半島に向かって本土側から伸びる砂洲がつながって誕生したのがこの湖で、英語ならラグーンと称する。ただし同じ潟でも男鹿半島にあるマール（爆裂火口）も一ノ目潟〜三ノ目潟というのがあって難しい。湖ランキングの現在の第二位は霞ヶ浦であるが、隣の北浦を含めて、ふつう漁村や湾を指す「浦」が使われているのは珍しい。日本の水域の呼び名はまだまだ多様である。

河川名と鉄橋名の食い違い

東海道線が多摩川を渡るのは六郷(ろくごう)川橋梁である。神奈川県内に入って茅ケ崎駅の先で相模川を渡るのは馬入(ばにゅう)川橋梁だ。こんな具合に、川と鉄道橋の名前は必ずしも同じではない。鉄道の橋梁名は大半が河川名で、それを同じ線が複数回渡る場合には第一、第二などで区別するが、冒頭の例のように河川名と食い違うことは珍しくない。六郷という名前は江戸時代からの広域地名である六郷領を流れる川ということから、多摩川下流部を指す呼び名であった。このため鉄橋が架けられた際にそれが自然に採用されたものだろう。

川の名前が上流から下流まで同じなのは今では当たり前と思われているけれど、もとは地域ごとに異なるのがごく普通だった。しかし河川法が施行され、「河川の一括管理」の都合で役所として表示が統一されることとなったのはいいのだが、実際には橋の脇に立てられる河川名看板が統一されていった。地図の表記もそれに倣ったため、地元の呼び名とはしばしば食い違うようになったのである。学校地図帳や河川に建てられた看板の影響は長期的に見るとやはり大きく、徐々にかつての呼び名は忘れられる傾向にあるようだ。もっとも信濃川の上流部を指す千曲川など、あまりにも人口に膾炙している場合は当局も乱暴なことはできず、千曲川の表示を例外的に認めているのでとりあえず安泰だろう。

それほど知名度のない川では画一化は確実に進んでいるが、主に戦前に建設された鉄道の橋梁名は、鉄道事業者の内部で各々の橋を特定できれば問題ないためか、河川法の名称通りでないものが数多く残っており、それが今では貴重な「ローカル河川名」の記念碑となっている。六郷川や馬入川の他にも全国を見渡せば多数存在する旧名称（本来ならこちらが「正しい河川名」と言いたい）を保存する橋梁を思いつくままに挙げてみよう。

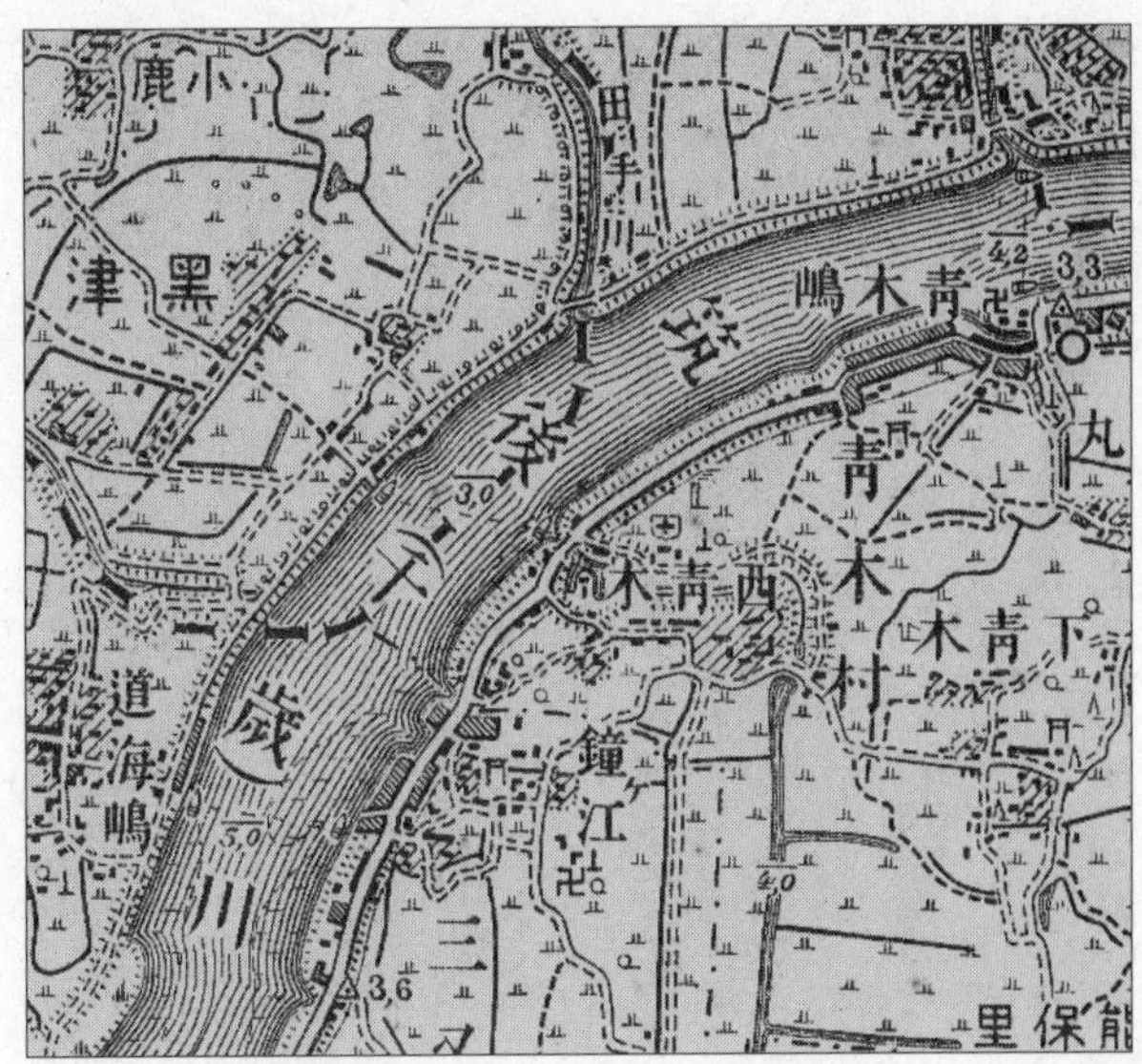

図26　河川名と鉄道橋梁名の食い違い
千歳川という別称を併記していた頃の筑後川下流部。鹿児島本線の千歳川橋梁はさらに上流。1：50,000「佐賀」明治44年修正

九州最大の流域面積をもつ「筑紫次郎」こと筑後川。この川に最初に架けられた鉄道橋は、明治二三年（一八九〇）に開通した九州鉄道（現鹿児島本線）が博多方面から久留米まで延伸開業した際の千歳川橋梁である。この区間が開通する直前まで北岸に千歳川仮停車場があった。筑後川は『角川日本地名大辞典』によれば、古くは筑前と筑後の両国の境を流れることから筑間川と称していたが、鎌倉時代以降に

千歳川と呼ばれるようになり、それが江戸幕府の命により筑後川と改称されたそうだ。それでも橋梁名に採用されているということは、当時地元で千歳川の名が通用していた証拠だろう。明治末の五万分の一地形図にも「筑後（千歳）川」の表記が見られる。ところが大正期の図では「筑後川」になっているので、千歳川の呼び名はその頃に廃れたのだろうか。

信濃川が新潟県内から見て「信濃から流れて来る川」であり、長野県内では千曲川なのと同様、隣の岐阜県内でも木曽川の支流・飛騨川はその名の通り美濃国内（岐阜県南部）を流れる部分だけが飛騨川で、飛騨国に遡ると益田（ました）川となる。益田は飛騨国の郡名だ。このため川に沿って遡る高山本線の鉄橋も白川口駅の北側で渡るのが第一〜第三飛騨川橋梁なのだが、美濃・飛騨の国境を越えた飛騨金山駅（金山の町は美濃国、川向こうの駅は飛騨国）から北側は、同じ川にもかかわらず、五〇キロにわたって第一から第二一益田川橋梁（分水界近い久々野駅手前）まで益田川を名乗る鉄橋が延々と連続している。ところが今の地図ではずっと上流まで「飛騨川」の表記だ。

広島から三次（みよし）方面を結ぶJR芸備（げいび）線に架かる第一と第二の吉田川橋梁が渡るのは、現在の地形図の表記だと「江（ごう）の川（可愛（えの）川）」である。戦後もしばらくは島根県側が江川（「江の川」と表記されるのは比較的最近のようだ）、広島県側が可愛川と別れて表記されていたのだが、やはり一本化が利いて、先のような表記になっている。しかしこの芸備線もおよそ一〇〇年前の大正四年（一九一五）に開業した時点では、いずれでもない吉田川と呼んでいたことが橋梁名から推定できる。吉田は上流にあたる町の名で、今は安芸高田市の中心部だ。

京都府を流れる桂川も、呼び名が近年になって統一された例である。もとは淀川との合流地点から遡って桂離宮の傍らを通って嵐山までが桂川で、そこから保津峡の山を流れる区間は保津川（亀岡市に保津という地名がある）、亀岡盆地まで遡れば大堰川と別々の名前で呼ばれていた。山陰本線の鉄橋もそれを反映して第一、第二大堰川橋梁（船岡～日吉間）が、保津峡には保津川橋梁が架けられた（山陰本線の旧線。現在は嵯峨野観光鉄道）。ところが今の地図を見ると全区間が桂川となっており、従前の地図でこのあたりの地理を認識した身としては戸惑ってしまう。

統一表記された桂川が合流する本流の淀川は、上流側から瀬田川（琵琶湖から府県境）、宇治川（木津川・桂川合流地点まで）、淀川（河口まで）と今も地図表記が三段階になっている。これはやはり知名度だろうか。「宇治川合戦」を「淀川合戦」などと読み替えたら、まったく別物になりそうだ。ついでながらその宇治川に架かっている近鉄京都線の鉄橋は、字が違う「澱川橋梁」。なんとも複雑ではあるけれど、それが地名の奥深さではないだろうか。

鉄道トンネルの名前

川端康成『雪国』の冒頭の有名な一節、「国境の長いトンネルを抜けると雪国であった」に登場するのは、上越線の清水トンネルである。上越国境の清水峠にちなむトンネル名だが、この峠道をたどるルートは明治期に馬車道として一応は整備されたものの、毎年の豪雪による損傷が大きく、さらに険路であったため不通が多かったという。その後は明治二〇年代に信越本線（碓氷峠経由）が開通、また昭和六年（一九三一）に上越線が開通して重要度が低下、道路交通路としても、西側の三国峠経由の現国道一七号に主役の座を譲っている。

今では旅客の大半が上越新幹線を経由しているが、こちらは大清水トンネルと命名された。新幹線のトンネルは「新」が多いのだが、すでに新清水トンネルが上越線の下り線に存在したこと、新旧の清水よりはるかに長い二二・二キロを誇ることから大を付けたのだろう。ちなみに昭和五七年（一九八二）の大清水トンネルの開通により、長い間世界一であったスイスのシンプロン・トンネル（全長一九・八キロ）はその座を明け渡している。

シンプロンを含めて、分水界を越える長いトンネルは峠の名前を付けるのがふつうで、中央本線の小仏トンネル（東京都・神奈川県）・笹子トンネル（山梨県）・新鳥居トンネル（長野県）、南海電鉄高野線の紀見トンネル（大阪府・和歌山県）、土讃線の猪鼻トンネル（香川県・徳島県）、など枚挙に暇がない。中には「峠」を名乗らない例として東海道本線の日本坂トンネル（静岡県）もあり、こちらは宇津ノ谷峠を経由する「五十三次」ルート以前、奈良時代からの古い東海道ルートだ。中には峠と書くのに方言読みの伯備線谷田峠トンネル（岡山県・鳥取県）などもある。

長い有名トンネルの中で峠の名を採用していないものといえば、筆頭は丹那トンネルだろうか。丹那は静岡県函南町の大字丹那にちなみ、かつて湖だったといわれる楕円形の窪地は丹那盆地と呼ばれている。丹那トンネルはその真下を通るのでその名が付いたようだが、建設中は「丹那山隧道」と呼ばれていた。竣工後に「山」が外されたのは、そんな名前の山が存在しないからかもしれない。いずれにせよ当地は火山・温泉が高密度に分布する難しい地質で、工事中も大出水が相次いだが、真上の丹那盆地では逆に水が涸れてしまった。鉄道省による用水設備の建設など補償措置はあったが、これを機に酪農への転換も行われ、それが現在の丹那牛乳のルーツにもなっている。その工場所在地は奇しくもトンネルの真上だ。

丹那トンネルで短絡される以前の東海道本線が通っていたのが今の御殿場線ルートで、こちらは箱根の外輪山の麓を酒匂川に沿って急勾配を上っている。そこに穿たれたいく

図27　鉄道トンネルの名前
水田の目立つ丸いエリアが丹那盆地で、その下を丹那・新丹那（上側）の両トンネルが直線的にくぐる。1：50,000「熱海」昭和51年修正

つかのトンネルは箱根第一号・第二号・第三四号（統合された）・第五号・第六号甲・第六号乙と、六つのトンネルにそれぞれ「箱根」の文字が入っている。箱根の外側を迂回して現在の箱根町内に一歩も足を踏み入れないにもかかわらず、明治の鉄道技術者としては「東海道五十三次」以来の箱根越えのイメージが濃厚にあったのかもしれない。

さて、日本の鉄道路線の中でトンネルの多さにかけては双璧といえるのがJR東海の飯田線と四国の土讃線である。両線とも峡谷に沿って川を俯瞰しつつ短いトンネルがひっきりなしに続く。このうち飯田線の大嵐～平岡間の一三・二キロほどの区間には次の二五か所がひしめいている（カッコ内は駅）。

（大嵐）大嵐・第一西山・第二西山・粟代・滝見・第一大輪・第四大輪（小和田）長尾・河内山・上山・初見・第一途中・第二途中・第三途中・不当（中井侍）観音山・第三中井侍・下山・小沢（伊那小沢）第十一久保・第二十久保・第一鶯巣・第二鶯巣（鶯巣）藤沢・満島（平岡）。ナンバーが飛んでいるのはトンネルの統廃合や路線変更に伴うものであり、戦前に三信鉄道として開通した当初はこの区間に現在より八か所も多い三三か所が存在した。これらのトンネル名はおおむね地名や山や崖などに付く地名と推察できるが、今となっては誰も使わない山間の地名が多く含まれおり、まさに小地名の墓碑銘のような存在となっている。

これに対して、長大トンネルの多い新幹線では、峠の部分を除けば名の知れた広域山名・地名を採用する例が多く、たとえば東北新幹線の八甲田トンネル（七戸十和田～新青森）、蔵王トンネル（福島～白石蔵王）などは山頂からずいぶん離れている。山陽新幹線の備後トンネル（新尾道～三原）、安芸トンネル（東広島～広島）などは国名だから壮大だ。日本で最も長いのは青函トンネルであるが、これは青森と函館を結ぶというよりは、その区間に運航されていたかつての鉄道連絡船に敬意を表したものかもしれない。

水底といえば、鉄道トンネルで日本で最初に設けられたのは明治七年（一八七四）に大阪～神戸間が開業した際に設けられた芦屋川・石屋川・住吉川の三つの天井川をくぐるものであった。花崗岩質で流出土砂の多い六甲山地南麓ならではの施設であるが、最初がいずれも河底トンネルというところが、いかにも雨の多い温帯モンスーンの日本を象徴している。

「冠」のついた駅名

およそ一〇〇年前にあたる大正五年（一九一六）一月一日、全国に四か所あった「一ノ宮」という駅が一斉に改称された。東海道本線の一ノ宮駅は「尾張一ノ宮」に、豊川鉄道（現飯田線）は「三河一ノ宮」、山陽本線は「長門一ノ宮」、房総線（現外房線）は「上総（かずさ）一ノ宮」という具合である。このうち尾張一ノ宮駅は昭和二七年（一九五二）に市名に合わせて「ノ」を除いて尾張一宮駅となり、長門一ノ宮は山陽新幹線の交差地点として新下関駅が設置されたため再改称された。

もともと一ノ宮はそれぞれの国で最も社格が高いとされる神社を指すもので、ここに登場する尾張国の一ノ宮は真清田神社（愛知県一宮市）、三河国一ノ宮は砥鹿神社（愛知県豊川市）、長門国一ノ宮は住吉神社（山口県下関市）、上総国一ノ宮は玉前神社（千葉県一宮町）である。一ノ宮は国ごとに存在するため、当然ながら多くが地名になっており、いくつかは駅名となっている。開業時には官営鉄道、豊川鉄道、山陽鉄道、房総鉄道という各鉄道が命名した一ノ宮駅であったが、その後は鉄道網の全国的な広がりに伴って同名の駅は混乱の元になることから、大正に入って同名駅に国名などの「冠」を付けて区別する動きが目立つようになった。

大正八年（一九一九）七月一日には全国に三つあった「境駅」がそれぞれ改称されている。中央本線が武蔵境、奥羽本線が羽後境、そして境線が境港、という改称だ。最後の境港は国名を付ければ「伯耆境」となるところだが、有力な港町であることによるものだろう（駅設置時の自治体名は境町）。

その後は新線が開通するたびに重複をチェックして適宜「冠」が付けられたため、開通が比較的新しい路線ほどそれが多い。関東では昭和二年（一九二七）に開通した南武線（当初は南武鉄道）の武蔵小杉、武蔵中原、武蔵新城、武蔵溝ノ口が四つ連続で印象的だ。今となっては新しい路線というわけでもないが、昭和に入るとすでに全国に膨大な駅が存在したため、必然的に付ける頻度は高まっていく。ちなみに小杉駅は北陸本線（富山県）、中原駅は長崎本線（佐賀県）、新庄駅は奥羽本線（山形県）、溝口駅は播但線

(兵庫県)に、いずれも明治期に開業した駅があった。

このうち新庄と武蔵新城では字が異なるが同音であり、中原は読みは異なるが同字であるため、いずれも混乱を避けるため冠称としたようだ。ついでながら、大正三年(一九一四)一二月一日には全国に三つあった長岡駅のうち二つが改称している。新潟県の長岡駅が変わっていないのは他の二つに比べて大きな町であったからだろう。改称した二つは東北本線の伊達駅(福島県伊達市)と東海道本線の近江長岡駅(滋賀県米原市)である。伊達駅のように全面的に変えた事例も珍しくない。

冠称には国名の他に県名や郡名、村名などもあり、特に郡名や村名の場合、今はなきかつての所属自治体を記念する存在にもなっている。たとえば京王線の千歳烏山駅や小田急の千歳船橋駅は北多摩郡千歳村の名残だ。県名を冠した例には東海道本線の愛知御津(みと)駅(旧御油駅)がある。音が茨城県の水戸と同じために冠称とした例であろう。愛知はもともと尾張国の郡名であるが、この駅は三河国なので県名と判断できる。IGRいわて銀河鉄道(旧東北本線)岩手川口駅はもともと川口駅であったが、埼玉県の川口町(まち)駅が市制施行により川口駅に改称するのに伴って県名または郡名を付けたものだろう。ちなみに現在の駅の所在地は岩手県岩手郡岩手町という珍しい「トリプル地名」だ。

私鉄が国鉄の駅と少し離れた場所に駅を作る場合に社名を冠するのはよく見られるパターンで、京急川崎や京成船橋、名鉄名古屋、近鉄四日市など数多い。中には電鉄富山

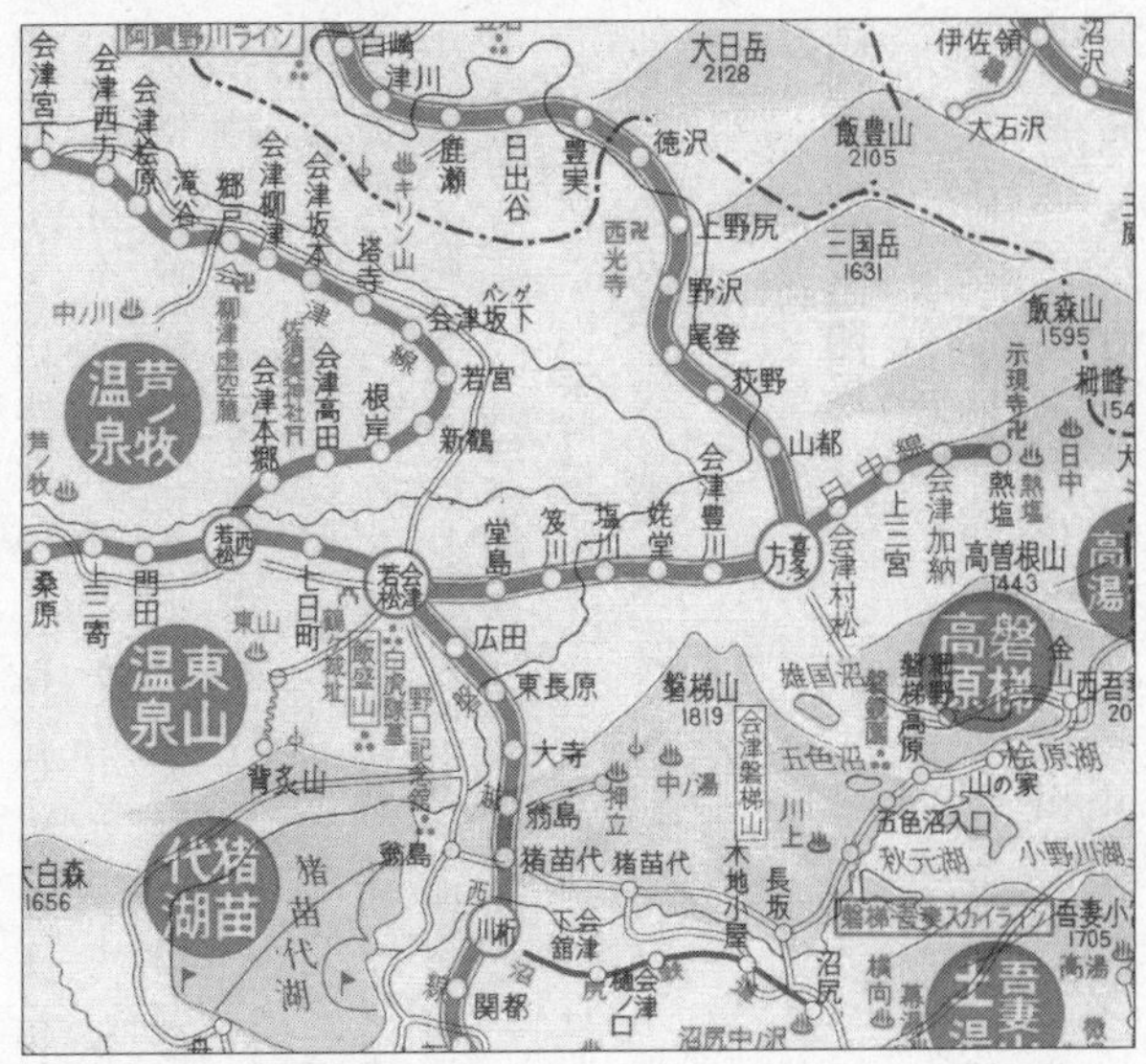

図28　「冠」のついた駅名
同名駅の混乱を避けるため地方名を冠した福島県の会津地方。会津のつく駅名は数多い。『全国旅行案内図』観光展望社　昭和38年発行

（富山地方鉄道＝旧富山電鉄）や名電赤坂（名古屋鉄道）のように旧社名や通称を付けたものもある。社名が変わるたびに改称した律儀なケースもあり、特に近鉄名古屋線のいくつかの駅名は、関急名古屋（昭和一三年開業・関西急行電鉄）↓参急名古屋（昭和一五年・参宮急行電鉄）↓関急名古屋（昭和一六年・関西急行鉄道。電鉄ではない）↓近畿日本名古屋（昭和一九年・近畿日本鉄道）↓近鉄名古屋（昭

和四五年・略称に変更）のように、特に昭和一〇年代の変更が目まぐるしかった。

新を付けるのは新幹線ですっかりポピュラーになったが、昭和三九年（一九六四）の東海道新幹線の開業時に新横浜、新大阪が登場（後に新富士も）、現在の山陽新幹線にも新神戸など六つが存在する。東海道新幹線は平成二六年（二〇一四）に開業五〇周年を迎えて「新」もだいぶ古くなったが、現存する「新つき」の駅で最も古いのはどこか調べてみたところ、どうやら群馬県伊勢崎市にある東武伊勢崎線・新伊勢崎駅と京急新子安（開業時は新子安）らしい。両者とも開業は明治四三年（一九一〇）三月二七日だから、すでに一〇〇年を超えている。平成一七年（二〇〇五）まで存在した新一宮駅（名古屋鉄道・開業時は新一ノ宮、現名鉄一宮）は明治三三年（一九〇〇）頃とさらに古く、現存なら一二〇歳になっていたはずで、こちらは惜しいことをしたものだ。

踏切と地名の関係

筆者の地元・東京都日野市を走るJR中央線には「黒川踏切」がある。場所は豊田駅の東側で、所在地は日野市豊田と東豊田のちょうど境界なのだが、これが半世紀以上も前に廃止された旧小字（上黒川・下黒川）であることを知って興味を持った。その後ある雑誌に「中央線全踏切踏破」などと題して三鷹～高尾間（のいわゆる国電区間）の三八か所を全部訪れて記事を書いたものである。昔の小字が保存されているのではないかという期待からだ。今では三鷹～立川間が高架化されてこのうち一八か所が消えてしまったので、この時に撮った全部の踏切写真は今では貴重な記録である。

たとえば三鷹車両センターの西側にある新道北踏切は武蔵野市大字境（おおあざさかい）の旧「字新道北」を採ったものだし、武蔵境～東小金井間の山中、西原の両踏切もやはり大字境の旧小字であった。採用される地名は小字ばかりではなく、その次の梶野新田踏切（小金井市）は小金井市の旧大字で、享保年間（一七一六～三六）に開発された梶野新田に由来する。戦後も「小金井町大字梶野新田」として存続していたが、市制施行した昭和三三年（一九五八）に梶野町と改称されて新田地名としては消えた。新田を地名から外す作業は東京市が昭和七年（一九三二）に周辺八二町村を大々的に編入した際に行ったが、戦後に相次いで市制施行した多摩地区にも踏襲されたのである。それでも踏切名のおかげで、かつての地名が細々と現地に伝えられてきた。残念ながら地元の住民にはあまり意識されていないけれど。

必ずしも正式名称とは限らない。八王子～西八王子間は二・二キロの駅間に九か所の踏切がひしめいているが、その中の梅原横町踏切は江戸期にこの地で活躍した梅原氏にちなみ、桜横町踏切は、かつての桜並木に由来するそうだ。いずれも通称地名だが、そもそも「正式な小字」は地租改正時に地元の意向と関係なく勝手に命名されたケースも多く、そんな場合にはむしろ通称地名の方が地元に馴染みがあったりする。もちろん現在でも通用しているかどうかは別であるが……。

その他に多いのが道路の名称である。武蔵小金井駅のすぐ東側にあった小金井街道踏切などは朝のラッシュ時の一時間のうち五八分ほど閉まっている「開かずの踏切」として有名だった。地元では朝の時間帯は「あそこに道路は存在しない」と認識されており、むしろクルマがほとんど待っていないのが印象的だったが、事情を知らないクルマが紛れ込むとお気の毒だった。それはともかく小金井街道のように現役で使われている名称だけではなく、たとえば八王子の件の踏切集中箇所にある国道一六号の踏切など「相模街道踏切」と、今では誰も使いそうにない名称である。四車線の堂々たる二ケタ国道が天下の中央線と平面交差しているのはある意味「奇観」で、立体化は必須であろうとは思うが、この貴重な記念碑的踏切名がなくなってしまうのは惜しい。

当時取材していてどうにも不明だったのが、武蔵境駅のすぐ東側の五宿踏切である。周辺の小字には見当たらず、いろいろと調べてみたら「布田五宿」に由来するらしいことに気がついた。これは甲州街道の国領・下布田・上布田・下石原・上石原の五つの宿場町を指すが、いずれも規模が小さいために毎月六日ずつ宿場の仕事を分担する取り決めがあり、五宿合わせて一つの宿場の役割を果たしていた。その五宿に至る道（五宿道

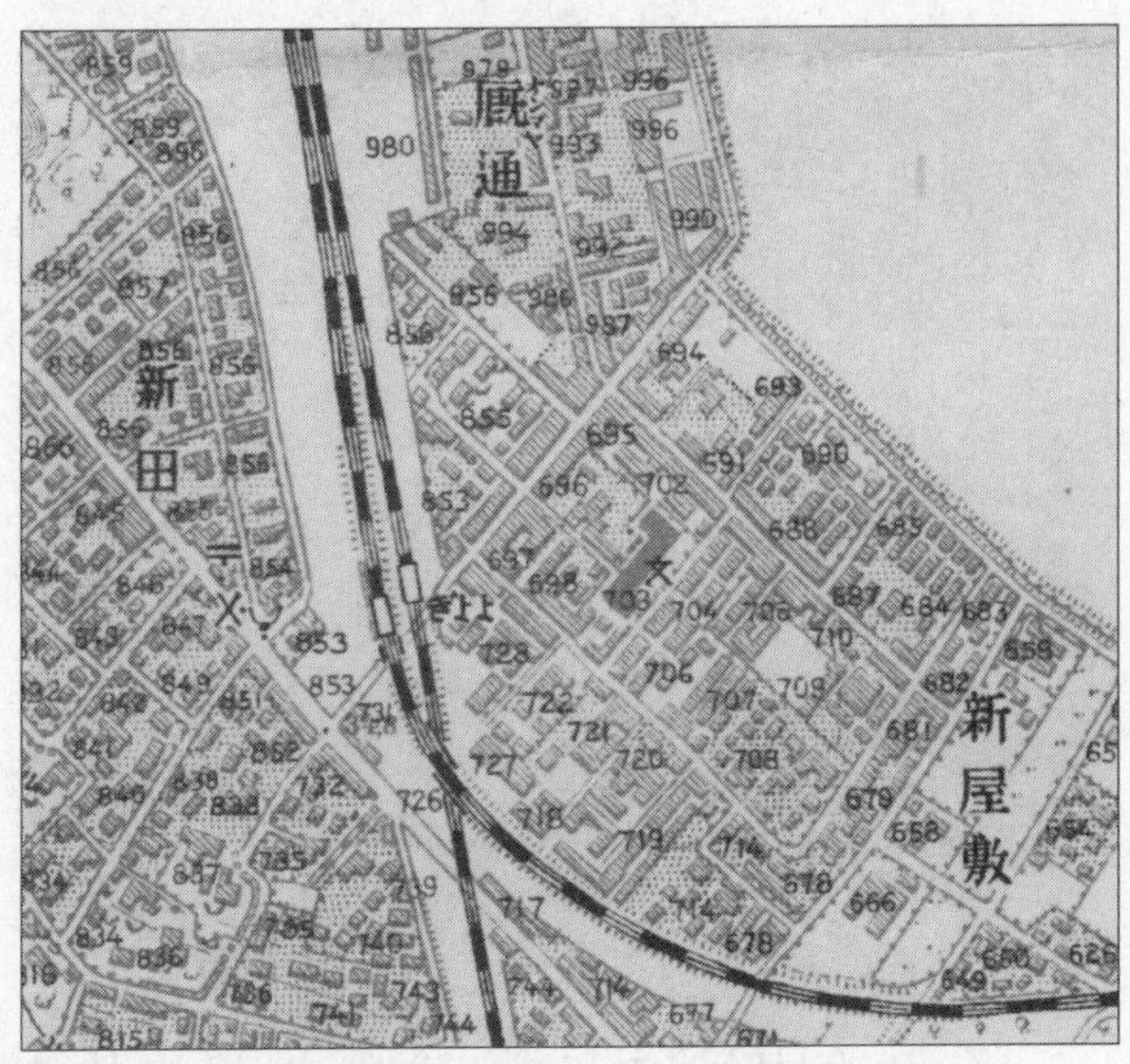

図29　踏切と地名の関係
山手貨物線に現存する代々木駅南側の厩道踏切は旧千駄ヶ谷村の字厩通にちなむらしい。1：10,000「四谷」大正10年修正

とでも呼んだのか）に設置された踏切という意味なのだろう。今の武蔵境通りである。

山手線の電車が通る唯一の踏切といえば知る人ぞ知る存在だが、希少価値ゆえに最近では有名になってきた。駒込〜田端間の中里第二踏切であるが、ここは踏切の南側が跨線橋（こせんきょう）になっていて、下を山手貨物線（湘南新宿ラインが使用）が通ることなどで立体化が難しいため当分は存続しそうだ。その山手貨物線には目黒〜代々木間に踏切が三か所存在する。目黒〜恵比寿間の長者丸踏切、代々木駅の東口改札すぐ脇の厩道踏切と、少し南へ行った青山街道踏切で、このうち長者丸はかつての町名・上大崎長者丸で、昭和四二年（一九六七）に住居表示に伴って上大崎二丁目となった。この長者丸は白金長者にちなむ伝説などもあり、また古くからお屋敷街として知られていたので、今や隠れたブランド地名となっている。このため「パレロワイヤル長者丸」「ミュゼ白金長者丸」といった具合に、いわゆる億ションの名称に愛用され、近年その数を増している。ちなみに代々木駅前の厩道は旧千駄ヶ谷村の小字（厩通）に関連するようだ。

このように踏切名は旧地名や旧街道名が採用されることが多い。廃止されて半世紀経っても残っているものが珍しくないが、なぜそんなことになるのだろうか。そもそも踏切は一般に邪魔な存在と受け止められる一方で、その名称にはあまり注目されない。施設を管理する鉄道会社も、地名が変更される度に注目されない踏切名を経費をかけて改めるなど無駄、という意識が働くのだろう。そんなわけで消えた地名や道路名の記念碑的な役割は、踏切の存在する限り続きそうだ。ただし私鉄の踏切は一部の会社を除いて「品川第1踏切」のように単純なナンバリングなので、残念ながら記念碑の役割を果たしていない。

宿場と街道の地名

中山道六十九次の最初の宿場、板橋から数えて一七番目にあたるのが群馬県安中市の坂本宿である。場所は「峠の釜めし」で知られるJR信越本線の横川駅の近くといった方が通りが良いかもしれない。

明治二六年（一八九三）にここから軽井沢の間に日本初のアプト式（歯軌条に機関車の歯車を噛み合わせて急勾配を上り下りする方式）を採用した区間として知られるが、横川が坂の下の駅であるのと同様、坂本宿も坂の下にあるがゆえの地名とされる。場所が現在地と異なる可能性はあるものの、地名そのものは平安時代に遡る由緒あるものだ。

坂本・坂元・阪本などサカモト地名は全国に分布しているが、その大半が街道の峠の下に位置するようだ。たとえば埼玉県飯能市の坂元は正丸峠の下、香川県東かがわ市坂元も大坂峠北側の麓、滋賀県大津市の坂本は比叡山への道の下という具合である。坂ノ下（坂下・坂之下）という地名も同様だ。東海道五十三次にも伊勢から近江へ越える鈴鹿峠の東に位置する坂之下宿が知られている（大字名は坂下）。

話を中山道に戻すと、坂本宿から険しい碓氷峠を越えて少し下ったところが軽井沢宿となるが、このカルイザワという地名も意外に各地に分布している。圧倒的に知名度が

図30　宿場と街道の地名
旧中山道とその宿場。東側から坂本、軽井沢、沓掛の地名 が見える。
1：200,000帝国図「長野」昭和11年修正

高いのは信州のこの軽井沢であるが、大字レベルの地名だけでも秋田県羽後町、同大館市、山形県上山市(かみのやま)、福島県柳津町(やないづ)、千葉県鎌ケ谷市、新潟県長岡市、静岡県函南町(かんなみ)、奈良県生駒市(いこま)、横浜市西区（北軽井沢・南軽井沢）など各地に分布している。地名の由来は「背負う」の古語であるカルウという動詞に関連付けたものとしては、牛馬が上れないほど急な坂道なので荷物を背負って行くところ、と解釈するよう

だ。「涸れ沢」が転訛したとする説もある。

中山道ではさらに次の宿場が沓掛宿であるが、かつては信越本線（現しなの鉄道）の駅名も沓掛駅であった。ところが「軽井沢ブランド」にあやかるためか、明治以来の駅名を昭和三一年（一九五六）に中軽井沢と改めた。沓掛も大字レベルだけで全国に一〇数か所ある地名で、これは峠の難所を控えた宿場などで、履いてきた沓（草鞋）を掛けてこれから先の道中安全を祈願したことに由来するという説が有力だ。

その次の宿場の追分という地名も街道ならではの存在で、これは分岐点を意味する。ここ中山道では追分宿で北国街道が分岐することにちなむが、この他にも群馬県方面へ通じる下仁田道、同じく入山道、群馬県への大笹道などが集まる交通の要衝として発展した。しかし、明治二一年（一八八八）の信越本線の開通とともに衰退し、その後は軽井沢に続く別荘地として発展することになった。ここに大正一二年（一九二三）にできた駅は信濃追分と称するが、追分の地名は全国各地に存在するため、他にも追分を称する駅はいくつかある。

信濃追分より古いJR奥羽本線の追分駅（明治三五年開業）は能代方面へ向かう羽州街道（国道七号）と男鹿市への船川街道が分岐する追分（秋田市金足追分・潟上市天王追分西）にちなむ駅名であり、鉄道もこの駅で奥羽本線からJR男鹿線が分岐している。鉄道の駅名は他地域の同名駅と区別するため国名を冠したケースが多いが、私鉄の「軌道線」は地域交通をまかなうことから冠称されず、滋賀県大津市内の京阪電気鉄道追分駅、三重県四日市市内の四日市あすなろう鉄道内部線（旧近鉄内部線）追分駅がある。大津市内の追分は東海道と奈良街道（山科街道）の分岐点、四日市市内の追分は東海道と伊勢街道（参宮道）の分岐点である。

さて、これまで紹介した追分駅はすべて地元の追分の地名に従った駅名だが、北海道の室蘭本線・石勝線の追分駅（安平町）は駅名が最初という珍しい事例だ。開業は北海道炭礦鉄道であった明治二五年（一八九二）で、奥羽本線追分駅よりさらに古い。ここから夕張方面への支線が同年内に開通しており、その分岐駅として設置されたことから「追分」と命名されたという。古来からの日本の地名呼称の伝統を受け継いだ命名法であった。

追分駅は重要なジャンクションであったため開業と同時に追分機関庫（後の追分機関区）が設置され、石炭輸送を担う多くの蒸気機関車がここに所属していた。このため今よりはるかに人手を必要とした当時、鉄道員とその家族が多くを占める典型的な「鉄道の町」として発展した町である。

神奈川県平塚市の追分は横浜ゴムの工場所在地であるが、元は平塚新宿などの一部にあたった。『角川日本地名大辞典』によれば「大正中期頃、市内乗合自動車の停留所として、伊勢原道と秦野道の分岐点を追分と名付けたのがはじまりとされ、以後当地域を呼ぶ通称となり、その後町名となった」とある（正式には昭和四八年から）。徒歩旅行だけの時代から鉄道・バスが走り始めてからも、分岐点という意味で伝統的な用語「追分」が使われ続けたのは興味深い。戦後ももう少し頑張って伝統を守っていれば、中央道から長野道が分岐する岡谷ジャンクション（ＪＣＴ）も「岡谷追分」と落ち着いた名称になっていたかもしれない。

バス停の名前

私が幼児から大学一年生までを過ごした横浜市旭区南希望が丘。その地名から、いかにも新興住宅地であることがわかるが、当時の自宅最寄りのバス停は「桃源台（とうげんだい）」と称した。町名とは違うので、いつの頃かその意味を母親に尋ねたら「本当は理想郷を意味するらしいけど……」と多少の皮肉を込めた表情で答えてくれた。たしかに住み心地のいい住宅地だったけど、そこまで言うとさすがに気恥ずかしさが先に立ったのかもしれない。思えば誰がそんな名前を付けたのか。相鉄バスか、それとも地元の要望なのか。

この路線は相模鉄道希望ヶ丘駅から同鉄道の二俣川駅を結ぶもので、私もたまに利用した。その私が通っていた中学校の近くには住宅入口という停留所があったが、これも当時すでに違和感を覚えた。なぜなら周囲すべてが住宅で埋め尽くされているのに、今さら住宅入口もないだろう、ということだ。はたしてどんな意図があっての命名だろうか。同じ路線には「分譲住宅」停留所もあったが、どちらも半世紀近く経った今も現役である。

思えば昭和四〇年代の大都市郊外では宅地造成が盛んで、官民合わせて今とは比べものにならないほど大量の分譲住宅を供給していた。そんな中にあって、旧来の日本家屋とも違う、和洋室兼ね備えた小ぶりの分譲戸建て住宅を特に「住宅」と呼んだのではないだろうか。少し安っぽいニュアンスで「文化住宅」という用語もあるが、当時は新築の住宅が並ぶ新しい街といったプラスイメージもあったのだろう。

バス停の命名は、当然ながら利用者にとってわかりやすい「地点特定機能」を優先する傾向があり、それに従って神社仏閣や学校など、乗客の目的地や目印になりやすいものが選ばれる。しかし時にその目印は時代の推移によって変わることもあれば、より適した目印が隣に出現すれば、そちらを名乗った方が乗客にとって利便性が上がることもあり、改称も多い。時代が過ぎればミスマッチも発生するのは否めず、たとえば西東京市の「ガード下」バス停。その名の通り西武新宿線が青梅街道を跨ぐガードの下に設けられた停留所だが、高架が当たり前のようになった今では異彩を放つ。それでもバス停が設置された当時は、近郷近在を見渡しても跨道橋などここにしかない。それゆえ格好の目印として迷うことなく名付けられたのだろう。ガードと言えば当時の北多摩郡田無町の人たちは誰もが「ああ、あそこね」と場所を特定してくれたのである。

私が「気になるバス停」を連載している月刊『サライ』(小学館)では、初回に東京炭鉱停留所を取り上げた。「東京」と「炭鉱」は絶対に結びつきそうにない組み合わせであるが、現地へ行って調べてみたら、昭和一〇年代から三〇年代までここで亜炭を掘っており、それが東京炭鉱だった。すでに廃坑になって半世紀以上が経つのだが、バス停は今も健在である。地元の人にはその名で長く親しまれているので、あえて他の名に変えなくてもいいのだろう。ついでながら東京都目黒区には、それより古い昭和八年(一九三三)に移転した目黒競馬場を記念した「元競馬場前」の名を、東急バスは今も使っている。山梨県南アルプス市には、こちらも大正時代に消えた葉煙草の倉庫にちなむ倉庫町というバス停があり、これも『サライ』の連載で取り上げた。

全国にはいろいろな「前」の停留所があるが、学校や工場の関係は最も多そうだ。しかもそれらは地元の人や従業員に通じればいいので、正式名称ではなく略称も珍しくない。たとえば兵庫県姫路市の海沿いにある日触バス停。日蝕ではないものの、曰くありげな珍地名を連想してしまうが、これは日本触媒の工場だし、山口県山陽小野田市の日産化学の工場門前町にある停留所はその名も「硫酸町」。小野田セメントのセメント町の北側にある通称地名だ。セメント町は正式名称になったのだが、こちらは躊躇したら

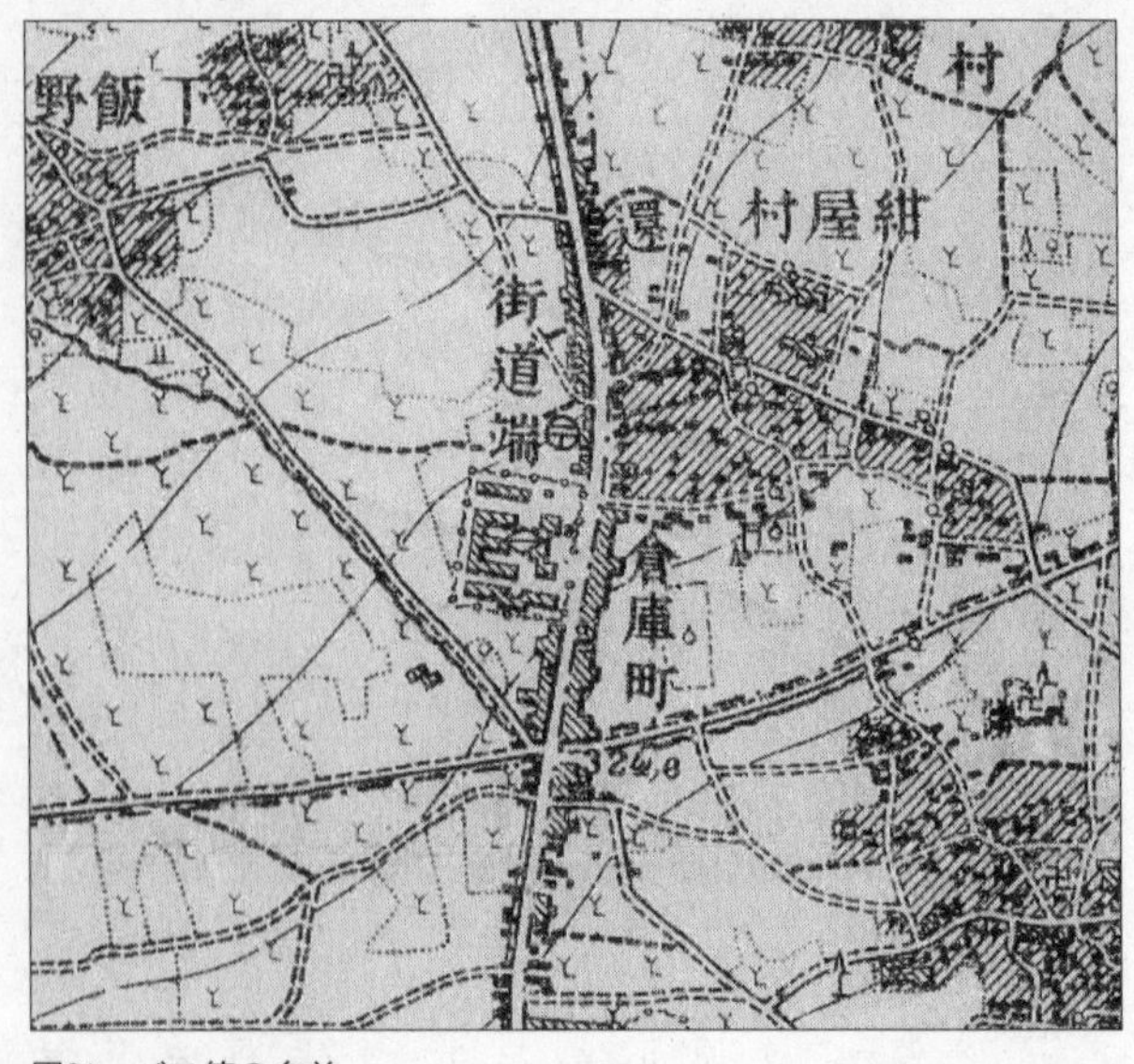

図31　バス停の名前
バス停のある倉庫町（現山梨県南アルプス市飯野）。大正期までの専売支局葉煙草倉庫にちなむ通称。1：25,000「小笠原」明治43年修正

しい。

工場ではないが、三重県にはその名も冷蔵庫前という停留所がある。家の中に置かれることの多い家電をつい思い浮かべるが、尾鷲(おわせ)市の北側に位置する紀北町(きほくちょう)にあり、カツオの水揚げで知られる町というから、それ相応の巨大な冷蔵庫なのだろう。兵庫県加西(かさい)市には「どっこいしょ前」という妙な名前の停留所があって度肝を抜かれる。これは小規模多機能事業所どっこいしょ。昨今の施

設はユニークなものも多いので、バス停もそれに従って奇妙な印象のものも増える。愛媛県松山市の少し南にある砥部町には断層口という珍しい停留所。中央構造線の露頭で知られる砥部衝上（しょうじょう）断層の近くだ。

もちろん難読や珍しい地名があればバス停も珍しくなるが、私がかつて高知県の道路地図で見つけた「カバの休場（やすば）」という停留所には驚いた（いの町小川樅（もみ）ノ木山・現在は「かばの休場」の表記）。山奥の峡谷でカバの親子が休んでいるような光景を想像してしまったが、おそらくは字（あざ）レベルの地名。その後、機会があってレンタカーでわざわざ現地まで赴いたが、周囲に集落もなく話も聞けず、今も謎のままである。それはともかく、仁淀（によど）川水系の高樽（たかだる）川の澄み切った水の美しさは忘れられない。

第四章　地名のしくみ

簡単に読めそうで読めない地名

私が住んでいる東京都日野市に上田という地名がある。正しくは「かみだ」なのだが、外から来た人はほぼ全員が「うえだ」と読んでしまう。そもそもこの名字はおおむね「うえだ」さんだし、最近は大河ドラマで注目が集まっている真田家（さなだけ）の城下町である長野県上田市も同様なので無理もない。

しかし全国を見渡せば福井県小浜（おばま）市の「かみた」と濁らないし、富山県氷見（ひみ）市は「うわだ」、東京都大田区南六郷にあるバス停（旧地名）は「じょうでん」という具合だ。ついでながら、下田という地名も伊豆の下田市を代表に「しもだ」が圧倒的ではあるが、茨城県潮来市の「しただ」、富山県上市町の「げだ」、その隣の同県立山町は「みさだ」という難読のものもある。ちなみにこちらは中世に立山寺領（りゅうせんじりょう）が払い下げられたことから「み下げ田」が転じたという。

このように、字面は一見とても簡単なのに誤読しやすい地名は日本にはとても多い。そもそも音読みと訓読みが混在し、場合によってそれぞれ何通りもあるケースが珍しくないから、天下の日本橋にしても、東京の「にほんばし」に対して大阪の「にっぽんばし」と食い違う。余談だがテレビやラジオで地名のことを話す際に緊張するのがこのあたりで、そもそも町を「まち」と読むのか「ちょう」と読むのかは、多くの都市で法則性があまりないので、事前に予習していかないとまずい。たとえば古書店街で有名な東京の神保町（じんぼうちょう）を「じんぼまち」などと読んでしまったら、その人がどんなに立派な地名の話をしても信頼性は地に落ちる。

大阪の日本橋から東へ行けば上町台地で、これを大阪では当然「うえまち」と読むけれど、全国各地を眺めれば実にさまざまだ。大阪府の岸和田市や泉佐野市などが同じ読み方であるのに対して、東北の山形市や福島県会津若松市、それに長崎県長崎市や佐世保市では「うわまち」と読むし、関東では埼玉県上尾市や千葉県成田市、東京都青梅市などで「かみちょう」となり、埼玉県秩父市や新潟県妙高市など全国的に分布するのが「かみまち」、青森県黒石市、石川県七尾市などではそれが音便化した「かんまち」など多様だ。

誰もが知っている県や県庁所在地と同じ字なら読みも共通かと思いきや、これも意外な読み方が少なくない。たとえば秋田—あいだ（高知県四万十（しまんと）市）、埼玉—さきたま（埼玉県行田市）、東京—ひがしきょう（長野市鬼無里（きなさ）地区）、神奈川—かんながわ（滋賀県高島市の河川名）、富山—とみやま（山形県尾花沢市ほか）、金沢—かざわ（岩手県一関市）、長野—おさの（兵庫県丹波市）、大津—おおづ（熊本県大津町ほか）、京都

—みやこ（福岡県の郡名）、松江—しょうえ（福岡県豊前市）、大分—だいぶ（福岡県飯塚市）などがある。このうち埼玉はもともと郡名に由来しており、「さいたま」に転訛する前の原形だ。

さて、神戸といえば県庁所在地名としては最も読み方のバリエーションが多い地名に違いない。もとは神社領などに由来する地名であるが、読み方は「かんべ」と「ごうど」が大半を占めて「かんど」がそれに続き、「こうべ」はむしろ少数派である。他にも鳥取県日南町の「かど」、東京都檜原村の「かのと」、和歌山県紀の川市の「こうど」、岡山県津山市の「じんご」がある。

同じ神社にちなむ地名で迷うのが八幡だ。読みは「やはた」か「やわた」か、それとも「はちまん」か。いずれも多数あるので、初めて見る時はほとんど難読地名のように「読めない地名」となる。さらに静岡県伊豆市の八幡は「はつま」という変形タイプだ。

JRの駅名で読みが三通りあるのが柏原で、東海道本線が普通に「かしわばら」（滋賀県米原市）であるのに対して、関西本線は「かしわら」（大阪府柏原市）、福知山線は「かいばら」（兵庫県丹波市）と異なる。いずれも関西圏だが、かつては信越本線にも「かしわばら」（長野県信濃町）の駅が存在した。こちらは昭和四三年（一九六八）に黒姫と改称されたので今はない。ちなみに信州柏原といえば小林一茶の生誕地としても知られる。

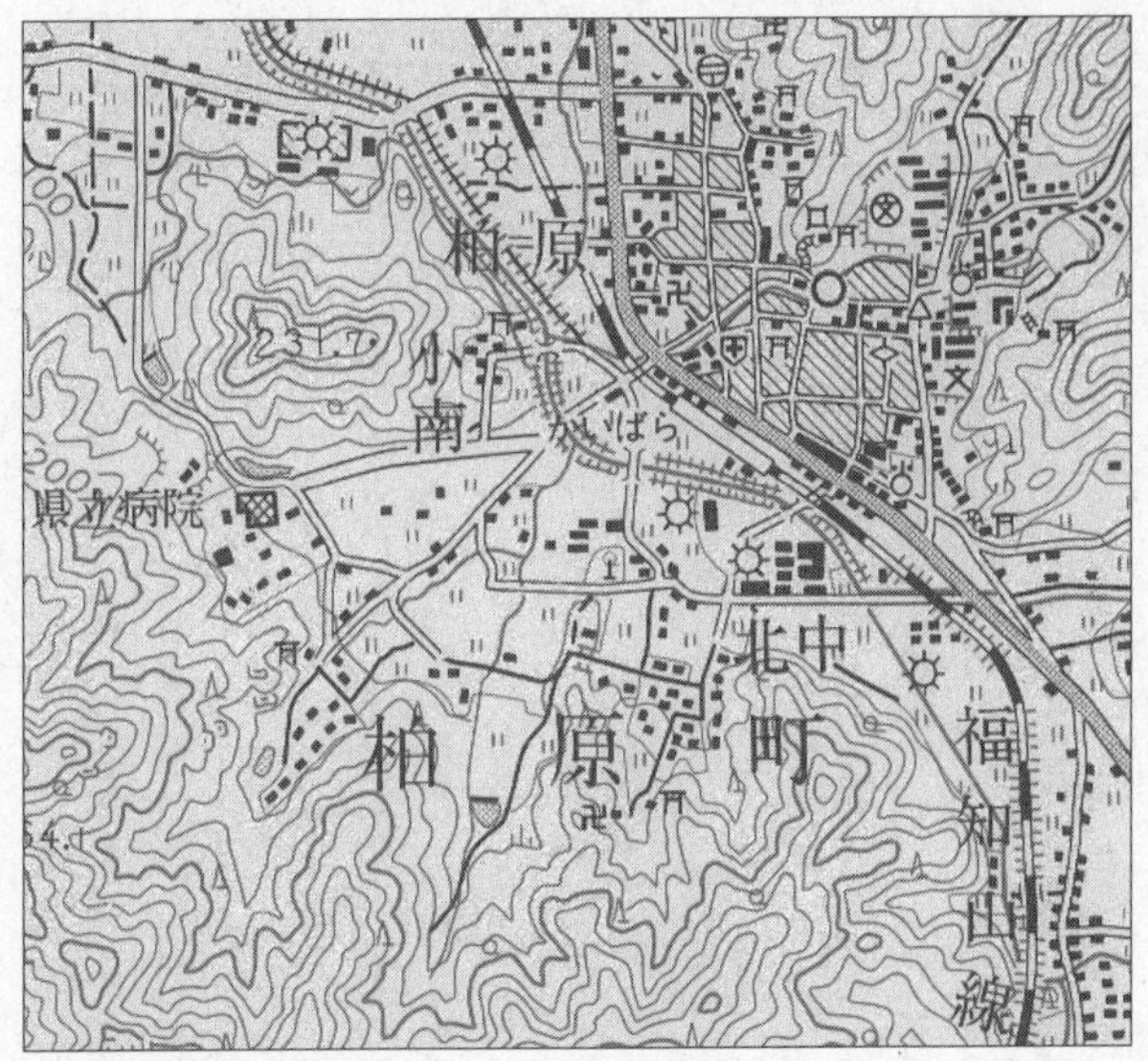

図32　読めそうで読めない
関西にある3つのJR柏原駅のうち「かいばら」と読むのは兵庫県丹波市柏原町の福知山線にある。1：50,000「篠山」平成元年修正

日本の駅では最大の乗降客数を誇る駅である新宿なら読みは一種類かといえばそうではない。同じ東京都内でも葛飾区新宿は「にいじゅく」であるし、現在の大田区南蒲田あたりに昭和三九年（一九六四）まであった新宿町は「しんしゅく」と濁らなかった。このうち葛飾のは水戸街道、大田区は東海道のそれぞれ街道沿いの新しい家並みに由来している。この他に茨城県常陸太田市では今も「あらじゅく」と称

して現役だ。

新宿と同じく山手線の駅では、渋谷駅を東京では当たり前に「しぶや」と読んでいるが、谷を「や」と読むのは東日本における「方言読み」で、大阪府池田市や奈良県天理市などでは古くから「しぶたに」であった。同じく山手線にある上野駅の「上野」という地名も、福岡県福智町の「あがの」、青森市など全国的に分布する「うわの」、山形県南陽市ではその頭部が摩滅してしまったのか「わの」、岐阜県美濃市ほかの「かみの」、群馬県の旧国名である「こうづけ」など、これも多様だ。まったく一筋縄ではいかない日本の地名である。

同じ字を反復する住所と河川名

筆者が住む東京都日野市には日野本町（ほんまち）という町がある。昭和五七年（一九八二）に大字日野の一部を分割、町名地番整理を施したエリアであるが、日野市日野本町というのは日野がダブっていてどうも煩わしい。

似た例は珍しくなく、たとえば川崎市川崎区や堺市堺区という繰り返し。元から川崎や堺の旧市街であった区域だが、「他の区は本当は川崎（堺）じゃないんですけどね……」といった差別感が言外に滲む、などと考えるのは意地悪かもしれないが、それはともかく日本語の文字の世界では代名詞や踊り字（々）などの表現でなるべく繰り返し表記を避けてきた。もちろん県名と県庁所在地が同じケースだと山形県山形市、岡山県岡山市、高知県高知市など、これは避けようもないけれど。

日本の県名は県庁所在地を名乗るものが最多で、その次が郡名を採用したものだ。これは岩手県や宮城県、群馬県などが該当するが、昭和三〇年（一九五五）頃に行われた昭和の大合併期には郡と同じ町村名が多く誕生している。平成の大合併を経た今ではこれらも減って今では岩手県岩手郡岩手町（東北新幹線いわて沼宮内（ぬまくない）駅の所在地）だけになったが、この「三つ揃い」パターンで他に消えたものとしては群馬県群馬郡群馬町（平成一八年に高崎市）、宮城県宮城郡宮城町（昭和六二年に仙台市）、三重県三重郡三重村（昭和二九年に四日市市）、滋賀県滋賀郡滋賀村（昭和七年に大津市）、香川県香川郡香川町（平成一八年に高松市）、宮崎県宮崎郡宮崎町（大正一三年に宮崎市）などがあった。最後は宮崎市そのものだが、その他も大半が県庁所在都市に合併されているのは、そもそも県名が県庁のある郡を名乗ったため、広域合併となればそうなるのはある意味で必然だろう（三重県庁は当初三重郡四日市町に置かれた）。

市や町という字が固有地名部分に入っていると反復の密度はより濃く感じるが、たとえば千葉県の「市川市市川」。五文字のうち漢字が二種類だけなので、見つめているとだんだん文字に見えなくなってくる。四日市市などはある意味で気の毒だが、市内に市場町があるとは知らなかった。ここへ手紙を出すには「四日市市市場町」で市の字が三つ続き、何かのトラブルかと怪しまれそうだ。石川県野々市町も平成二三年（二〇一一）に市制施行して「市市」の仲間入りをした。そういえば東京都新宿区（旧牛込区）にあった市谷谷町は「市谷町」とよく間違われるため、昭和二七年（一九五二）に住吉町に改称している。新潟県妙高市の一部に、平成一七年（二〇〇五）まで妙高高原町があった。以前は妙高々原町（昭和三一年の合併以前は妙高々原村）の表記であったのを、昭和四四年（一九六九）にわざわざ改称したものである。どうしても々の字を避けたい事情があったのだろうか。

この種の住所で最も有名なのは鹿児島県の「志布志市志布志町志布志」だろうか。志の字が六つで、ここまでくると異様に見える。広域合併で誕生した志布志市の中の旧志布志町の中心地たる志布志、という構造だが、以前からある秋田県男鹿市「戸賀戸賀字戸賀」や「脇本脇本字脇本」などと同様の事例だ。

平成の大合併では「南あわじ市市市」という住所が発生した。やはり同様なのだが、まずは室町時代以前からあった市村が明治二〇年（一八八七）に近隣の小井村・青木村・善光寺村・円行寺と合併してひと回り大きな市村となったため、従前の村は市の下に続けることとなった。つまり市市・市小井・市青木……という具合である。それが昭

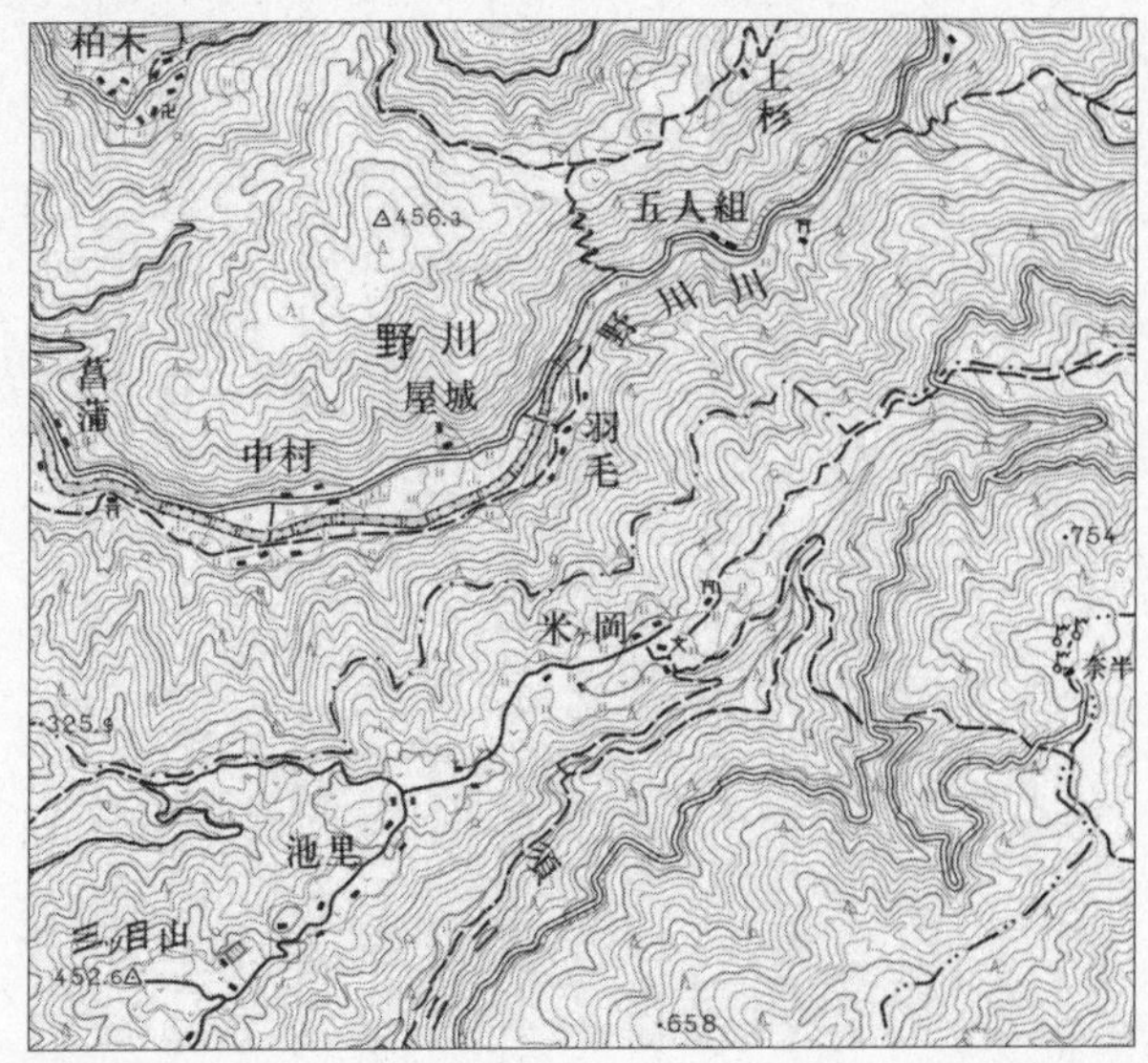

図33　重ね字地名
高知県に多い「川川」。野川の集落（旧野川村）を流れる野川川と須川川。全国には谷谷や沢沢の例も。1：50,000「奈半利」昭和63年修正

和三〇年（一九五五）には三原町市市と表記されるようになり、さらに平成の大合併で市になったために南あわじ市市市とトリプルになった。「あわじ」が平仮名なだけに一層「市市市」が引き立っている。

町町には佐賀県杵島郡大町町（おおまちちょう）がある。読みが「まちちょう」なのは珍しいが、「大町という自治体＝町」という意味だ。市町村内の大字・町レベルではもう少しあって、滋賀県守山市二町町（ふたまちちょう）、愛

知県豊田市万町町などがある。前者は江戸期には二町村で、それが明治町村制で物部村大字二町を経て守山市に入って二町町となった。後者も江戸期の万町村が町村制で介木村を経て旭村（後に旭町）大字万町となり、平成一七年（二〇〇五）に合併以後。いずれも市内に編入された際に自動的に「町」を付けたものである。

川の名前では東日本では宮城県加美町や秋田県仙北市の小沢沢、福島県喜多方市の赤沢沢、同県只見町の八木沢沢など「沢沢」が多く分布し、西日本では岐阜県本巣市の八谷谷、福井県おおい町の合子谷谷、徳島県三好市の大谷谷、熊本県相良村の袴谷谷など「谷谷」の名の川が多い。全国的なのは川川でこれは意外に多く、青森県外ヶ浜町の増川川、岩手県釜石市の小川川など東北地方に始まって沖縄県東村新川川まで広く分布する。特に高知県は非常に密度が濃く、たとえば四国山地深くに発する槇川川が枝川川に合流する上八川川は、さらに下流で小川川を合わせて仁淀川に注ぐ。いの町の奇観だが、いずれも小川や槇川、枝川といった川の付く集落を流れている。小川川など横書きにすると、いかにも水が豊富に流れる印象だ。

ただの一丁目という地名

志村けんさんが歌って大ヒットした「東村山音頭」の歌詞に「ひ～がしむらやまさんちょうめ～」というのがあった（一丁目・四丁目バージョンもある）。中学生だった私は、世の中には町名がなくていきなり何丁目という所があるのかと不思議に思ったものだ。実際には東村山市にそんな町はなく、交番で「東村山三丁目ってどこですか」と頻繁に尋ねられたお巡りさんが大変な思いをしたそうだが、全国を見渡せばそのような町は実在する。

たとえば伊豆半島南端に位置する静岡県下田市。ここにはただの一丁目から六丁目が存在しており、「唐人お吉記念館」の所在地は下田市一丁目一八―二六。丁目が付いたエリアはおおむね下田の旧市街地で、市制施行以前は賀茂郡下田町＋地番（または小字）という表示をしていた。昭和四三年（一九六八）から翌四四年にかけて住居表示を実施する際、一般的なケースなら「下田市本町〇丁目」や「下田市下田〇丁目」といった対応をするところを、町名なしで一丁目、二丁目……としたのである。

住居表示を実施した町における「丁目」はブロック分けした区画に過ぎないという理解のためか、郵便番号は丁目ごとではなく町ごとに付けられるのがふつうだ。従って東京の銀座のように店や事業所が数多くひしめいている地域であっても一丁目から八丁目まですべて一〇四－〇〇六一（個別の番号を持つ事業所を除く）となっている。ところが下田市の方は「一丁目」が町名と解釈されているようで、郵便番号は一丁目が四一五

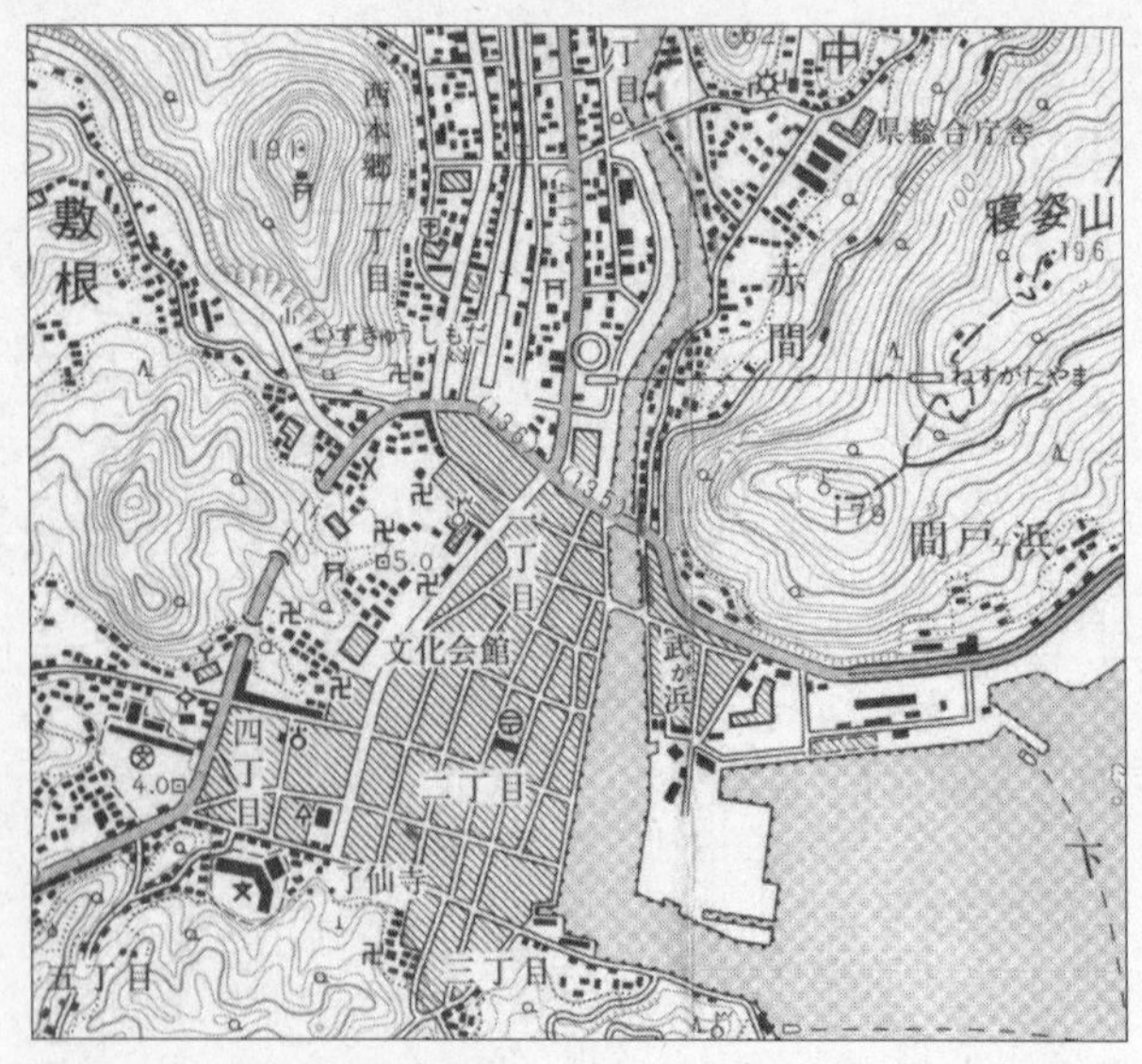

図34　ただの一丁目という地名
いきなり丁目で始まる下田市の中心市街。昭和43年（1968）から翌年にかけて一〜六丁目が設定された。1：25,000「下田」平成12年修正

一〇〇二一、二丁目は〇〇二二、三丁目は〇〇二三、四丁目は〇〇二四という具合に個別に振られた。

『角川日本地名大辞典』で他の「一丁目」を調べてみると、この下田市の他には兵庫県の赤穂市と洲本市、熊本市にかつて存在したようだ。いずれも城下町の町人が住んだエリアで、赤穂の場合は「丁目」が確認できるのは浅野長直（内匠頭で知られる長矩の祖父）が常陸の笠間から入封する前

らしく、寛永年間（一六二四～四五）の絵図には城の北側に一丁目・二丁目（中村町）・三丁目・寺町（四丁目）が記されているという。

一丁目は城下町に設定されることが多いが、本来の一丁目、二丁目はいずれも長さの一町（＝六〇間・約一〇九メートル）に由来するもので、おおむね通りの両側に発達した町を中心部のどこかを起点に一町行くまでが一町目（一丁目）、二町までが二町目と線的に命名されるものであった。ところが前述したように、現代の丁目はある一定の広さを持つ町エリアのブロックの名称と化している。

実際に今も一町目、二町目と称している地名もあり、佐渡島の相川（あいかわ）には一町目から四町目がある。相川といえば有名な金山の町として知られるが、寛永六年（一六二九）に街並みが整備されたもので、南北に通じる道を挟んだ両側がこの町になっており、現在の各町の長さを地図サイトで計測してみると、一町目が一三五メートル、二町目が一一九メートル、三町目が一一三メートル、四町目が一二二メートルと長さはいずれも一町（約一〇九メートル）より少し長いが、当たらずとも遠からずである。ただしこれらの町目は平成の大合併で佐渡市となったため、旧来の佐渡郡相川町一町目（「一町目」が町名）から佐渡市相川町一町目（「相川町一町目」が町名）と一見「月並み」となった。

町目の地名の中で最も数が多いのは京都市上京（かみぎょう）区から中京（なかぎょう）区に至る堀川沿いの一町目から九町目までだろう（一町目～六町目が上京区、七町目～九町目が中京区）。堀川中立売(なかだちうり)の南側が一町目で、そこから南へ順に二町目、三町目という具合に進み、二条城のすぐ東側の九町目までとなっている。

このうち四町目という町は堀川の西側にもあって別の町の扱いであるため、郵便番号も東側が六〇二―八〇四五、西側が六〇二―八一一二と区別されている。さらに複雑なことに区内に「四町目」と称する町はもうひとつあり、それは少し離れた二条城の北側。そもそも京都市旧市街の町割りは大半が近世そのままで非常に細かいため、区内に同一町名が複数存在することは珍しくない。このため場所を特定するには東西・南北の通り名と一緒に表記する必要がある。たとえば出水(でみず)通油小路西入四町目、下立売通堀川東入四町目といった具合だ。区内にはもうひとつ御所の南側に「四丁目」という町名も。

中には明らかに城下町などの都市でない場所にも丁目がある。埼玉県上尾市の壱丁目は最近でこそ宅地化が進んでいるものの、過去に遡れば明らかに農村だ。江戸時代にも壱丁目村と称していた（壱町目、一町目の表記も）のだが、古くは一町免と称したのが転じたとする説がある。これは鎌倉時代に「地頭に与えられた土地」にまつわる地名だそうだ。免の字が付く地名は江戸時代なら免税‐非課税地を意味することが多いのだが、この時期でも何かが免除されたのだろうか。

同じ埼玉県でも八潮(やしお)市にある大字の二丁目は、条里制遺構に由来するとの説もある。こちらも市内に一丁目、三丁目などの他の丁目はない。

チョウとマチ——まちまちな町の呼び方

テレビやラジオのアナウンサーが最も気を遣うものは人名と地名の読み方である。人名は言うまでもないが、視聴者は各地にまんべんなく存在しているから、どれほど無名な地名でも、誰かしら関係者が聴いている可能性が高い。もし自分の住む地名を間違って読まれれば腹立たしく感じる人も多いだろう。このために、放送局には必ず全国の地名の読み方に関する事典が備えられている。地方局であれば、全国版に載らないような小地名（小字や通称地名）も網羅した地元専用の冊子を独自に作っているようだ。

ニュース原稿では難読地名など事前にしっかりルビを振って本番に備えるのだが、意外に忘れやすいのが「町」の読み方。ご存知のようにチョウとマチの二種類あるため、これを間違えると地元の人に不快感を与えるし、そもそもニュースの信憑性そのものを疑わせる事態に発展しかねない。たとえば「古本の街」として知られる東京・神田の神（じん）保町（ぼうちょう）を「じんぼまち」などと読むアナウンサーがいたら、その内容はどうも「話半分」にしか聴けなくなってしまう。もちろん私もたまにテレビやラジオ出演の機会があると、肝心の地名の話をしたばかりに信頼感が地に墜ちないよう、台本や手元の資料にはマチはM、チョウはCとメモしておく。

一〇年以上も前の話だが、「平成の大合併」が本格的に始まる前の町村（自治体）の読み方の分布を調べたことがある。町では北海道が森町を除いてチョウ、東北（岩手・宮城を除く）と関東、それに長野県はマチ。北陸は新潟県から石川県にかけてはマチだが、福井県だけはチョウ、静岡・岐阜以西、中国・四国地方に至るまではチョウ（島根県の一部を除く）で、九州は県によって異なり、また混在する県もあって複雑、沖縄はチョウ一色という結果が出た。

「平成の大合併」が終わって町村が激減した今では事情が変わっているが、なぜそのような分布なのかは、これまで誰からも納得できる答えを得ていない。ついでながら村はムラが大半であるが、ソンと読むのは中国地方の多くと四国の一部、それに宮崎県と沖縄県とかなり少数派だ（他にも例外はある）。

さて、ここで浮き彫りになったのは、町村ともに九州だけは例外だらけで法則性が見られないことである。「マクドナルド」の略称の全国分布を調べたある先生の研究によれば、東がマック、西がマクド、九州は混在という結果が出たそうで、他の地方に比べて際立って県民性に差異があることを反映しているのだろうか。大陸との文化的、人類学的な関係、バラエティに富む気候との関わりもあるかもしれないが、西日本で総じて低い納豆の一人あたり消費量を見ても、大分県・宮崎県・長崎県などで低いのに対して熊本県や鹿児島県では全国平均以上なので理解に苦しむ。

自治体名はともかく、これが市の中の町名のチョウ・マチは一筋縄ではいかない。前述の神保町の東隣にある駅は小川町だし、地下鉄銀座線の浅草～上野間には田原町駅と稲荷町駅が隣り合っている。京都市の通り名は河原町、丸太町などマチが中心なのに対して、個々の町はチョウだ。たとえば「河原町通四条下ル順風町」という具合に。

仙台市ではかつて武家町を「丁」、町人や足軽の町を「町」と区別していた。たとえば東一番丁や掃部丁、柳町や肴町といった具合である。ところが昭和三七年（一九六二）に施行された住居表示法による住居表示の実施で城下町由来の多くの町が大々的に統廃合され、たとえば旧市街の中心部にあった東一番丁、南光院丁、東二番丁など多くの町が合併、町をチョウと読む「一番町」となったため、従前の法則が崩れてしまった。

住居表示といえば、政府のお膝元ゆえに住居表示の実施に熱心だった東京都では、さまざまな経緯をもつ大小さまざまな町がひしめいていたのを、できる限り形を揃えて「丁目」で区画することに邁進した。これによって文京区にあった駒込東片町・西片町は、前者を向丘に統合させ、西片町は「丁目をつける場合は町の字を外す」という無意味な規定を適用し、ただの「西片」にしてしまったのである。

そもそも「片町」は、主に城下町で道の片側だけに家が並ぶ町（反対側は濠や寺社地など）を指す普通名詞で、町を外したら本来の意味が通じない。有楽町にも住居表示の

図35　チョウとマチ ―まちまちな町の呼び方
耕地に由来する町（まち）が町（ちょう）を付けられた滋賀県守山市の二町町（ふたまちちょう）。1：25,000「草津」平成10年部分修正

魔の手は伸び、あやうく「有楽二丁目」などと変えられそうになったが、当時ここに大手新聞社が集まっていたこともあって「有楽町を残そう」キャンペーンが張られ、なんとか「例外」として守られた経緯もある。

町町でマチチョウという読み方をする珍しい町もある。滋賀県守山市の二町町（ふたまちちょう）、栃木県宇都宮市の下反町町（しもそりまちちょう）、群馬県太田市新田（にった）反町町がそれで、いずれも江戸時代は二町村、下反町村、反町村であった。ソリというのはかつて焼畑が行われていた場所につく地名で、マチは耕地という意味である。そこに「反町」の字が当てられたのだが、後にそれぞれの市域に入った際に一律にチョウと読む町を追加したため、町町となった。四日市市のことを考えればそれほど不思議はないが、このあたりが日本の地名の難しさかもしれない。

区とは何か——明治の区・行政区でない区

政令指定都市になるためには、長らく「一〇〇万人」が事実上の人口要件であったが、今世紀に入ってからの「規制緩和」でおおむね七〇万人に引き下げられた（地方自治法では五〇万人以上）。これにより平成一七年（二〇〇五）に静岡市と堺市が新たに指定され、同一九年には新潟市と浜松市、同二一年に岡山市、同二二年に相模原市、同二四年に熊本市が加わって政令指定都市は一気に増加、現在では二〇に及ぶ。

指定都市には行政区を置くことが定められているが、たとえば横浜市には一八、大阪市に二四、名古屋市に一六という具合に歴史的経緯を反映して多くの行政区がある。横浜市のように指定都市制度が始まった時点で一〇区であった（昭和二年には五区でスタート）のが、人口急増を反映して次々と分区を繰り返したところもあれば、大阪市や神戸市のように都心部の人口減少により逆に合区した例もある。言うまでもなく東京都の二三区だけは「特別区」で、それぞれが議会を持ち、公選の区長がトップに立っている。ついでながら、大阪市は日本の都市で最多の二四区を擁しており、区の数では東京より多い。ところが東京区部が六二六・七平方キロに二三区なのに対して、大阪市は二二三・〇平方キロに二四区だから、東京の一区あたり平均二七・二平方キロに対して大阪市は九・三平方キロと三分の一に過ぎない。参考までにフランスのパリ市域はわずか一〇五・四平方キロに二〇の区（アロンディスマン）がひしめいているから、一区平均にすれば五・三平方キロ。人口は二二二万人（二〇一四年）で、約二三一万人（二〇一七年）の名古屋市とほぼ同じと誤解されやすいが、同市が三二六・四平方キロとパリ市の三倍を超える市域面積を持っていることを考えれば単純に比較はできない。国により「市域」は大きく異なり、中国の重慶市（直轄市）など北海道ぐらいの面積がある。

日本の行政区画として市が初めて登場したのは明治二二年（一八八九）四月一日のことだが、翌二三年二月までに存在した市は、全国でわずか四〇であった。少ないので全部挙げると、弘前・盛岡・仙台・秋田・山形・米沢・水戸・東京・横浜・新潟・富山・高岡・金沢・福井・甲府・静岡・名古屋・岐阜・津・京都・大阪・堺・神戸・姫路・和歌山・鳥取・松江・岡山・広島・赤間関（あかまがぜき）（現下関）・徳島・高松・松山・高知・福岡・久留米・佐賀・長崎・熊本・鹿児島である。市は府県の総数より少ないため、当然ながら市のない県もあり、昨今では人口集中が著しい関東地方でも栃木・群馬・埼玉・千葉の各県には存在しなかった。

さて、市が誕生する以前の呼称は「郡区町村編制法」の枠組みにおける「区」である。東京府に一五区（日本橋区・京橋区・麴町区など）、大阪府に四区（東・西・南・北区）、京都府に二区（上京区・下京区）が置かれた他は、現在の市と同じレベルで仙台区・名古屋区・金沢区・広島区・福岡区といった具合であった。当時の区のエリアは市街地とほぼ同義で、現在のように郊外の農村地帯はまったく含まれていない。

明治二二年（一八八九）に市が誕生してからは、東京・京都・大阪の「三都」は東京市日本橋区や大阪市東区、京都市上京区といった形となり、その他の区は仙台区が仙台市、福岡区が福岡市などと改められている。ただし市制は「殖民地」であった北海道、旧琉球王国の沖縄県については除外され、全国各地に市が誕生した後も札幌区や函館区、那覇区や首里区が存続していく。沖縄県に市制が施行されたのは大正一〇年（一九二一）、北海道は翌一一年のことであった。このため函館市電（当時は函館水電が経営）にあった「区役所前」という停留場は、大正一一年（一九二二）に「市役所前」と改称されている（現魚市場通停留場）。

全国に市制が行き渡ってからは、区といえば大都市の行政区のみを指すようになっていくが、市によっては「大字レベル」の区も見られる。最も知られているのが姫路市の

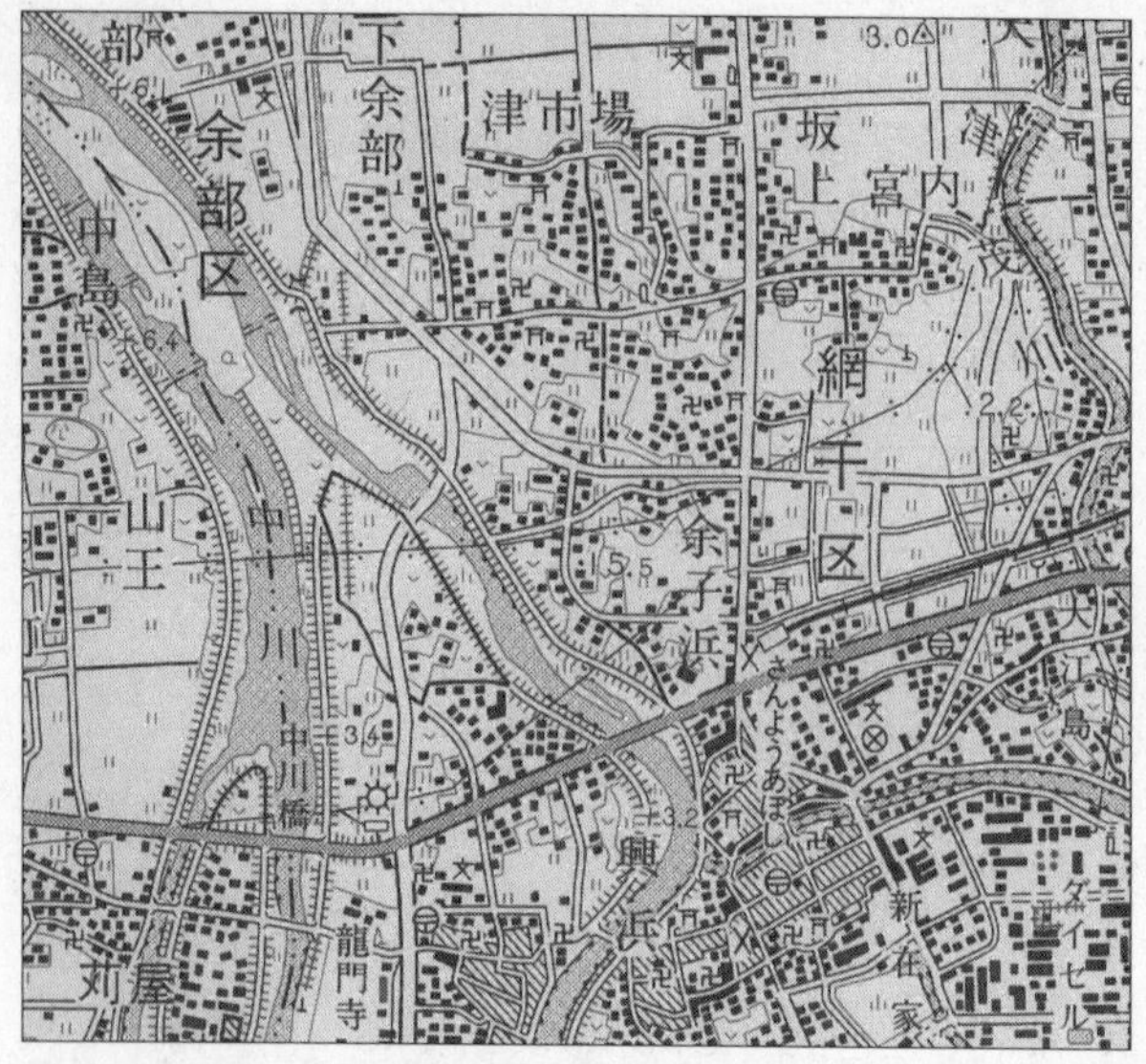

図36　区とは何か―明治の区・行政区でない区
政令指定都市以外の区の例。兵庫県姫路市は昭和21年（1946）の合併で旧町村名を区とした。1：50,000「姫路」平成３年修正

区だろうか。終戦直後の昭和二一年（一九四六）三月一日に姫路市が飾磨(しかま)市・飾磨郡の二町（白浜町・広畑町）、揖保(いぼ)郡の四町村（網干(あぼし)町(ちょう)・大津村・勝原村・余部村(あまるべむら)）を併せた広域合併を行った際に旧町村エリアをほぼそのまま区とし、飾磨区・広畑区・網干区・大津区・勝原区・余部(よべ)区の六区が現存している。大字はそのまま継承されたので、たとえば飾磨市清水は姫路市飾磨区清水となった。行政区ではない

ため、「飾磨区清水」が大字の名称である。

さてこのうち余部区は市域の南西端であるが、そこから北東へ九キロに位置するやはり市内にJR姫新線余部駅がある。同駅の所在地は飾磨郡の余部村で（余部の地名は周囲に残っていない）、こちらは昭和二九年（一九五四）に姫路市に編入された。余部区となった揖保郡余部村とは別なので、新たに市内となった余部小学校は同名を避けるために白鳥小学校と改称している。

平成の大合併では、合併に伴って旧村域の埋没を懸念する声が大きかったため「地域自治区」という制度が設けられ、地域の声を反映させる仕組みを設けた。新潟県上越市は平成一七年（二〇〇五）に周辺の一三町村と合併したが、その際に旧町村を名乗る地域自治区が誕生した。たとえば東頸城郡浦川原村のエリアは上越市浦川原区となっている。

旧国名か国名か

武蔵国、信濃国、摂津国などは一般に「旧国名」と呼ばれている。なるほど現代人の多くが「国」というのは江戸時代までに使われていた概念であり、明治に入って廃藩置県が行われたのをもってすべて府県などに変わったと思い込んでいるようだ。しかし明治・大正期のいろいろな地図を見ると、それは必ずしも当たっていない。

ためしに国土地理院の前身である陸軍陸地測量部が大正三年（一九一四）に発行した二〇万分の一帝国図「東京」を見ると図中に府県名はなく、最も大きな字は武蔵、下総などの堂々たる隷書体で記された国名だ。次に大きいのが郡名で、市や町村がそれに続く。それでは行政区画としての「東京府」や「千葉県」がどこに記されているかといえば、府県境が図の端で途切れた欄外に小さな字で添えられているに過ぎない。この二〇万分の一帝国図（現代の地勢図にあたる）で府県名が図中に記されるようになったのは、おおむね昭和になってからである。ちなみに現在の二〇万分の一地勢図には都道府県名・国名の記載はない。

手元にある明治四五年（一九一二）発行の『最新鉄道旅行地図』には、おおむね全国レベルで幹線鉄道が開通した段階の駅と路線が屛風折りの図に描かれているが、行政区分は相模、伊豆、駿河など国名と国境が描かれているのみで、府県については一切記載がない。共益館という出版社の発行であるから、これが庶民レベルでの感覚と見て間違いなさそうだ。国の地図である陸地測量部の図では欄外に道府県名が載っているものの、これは「一応記載しました」といったレベルである。

さて、日常生活で「ご出身はどちらですか」という問いかけは今も行われている。こ

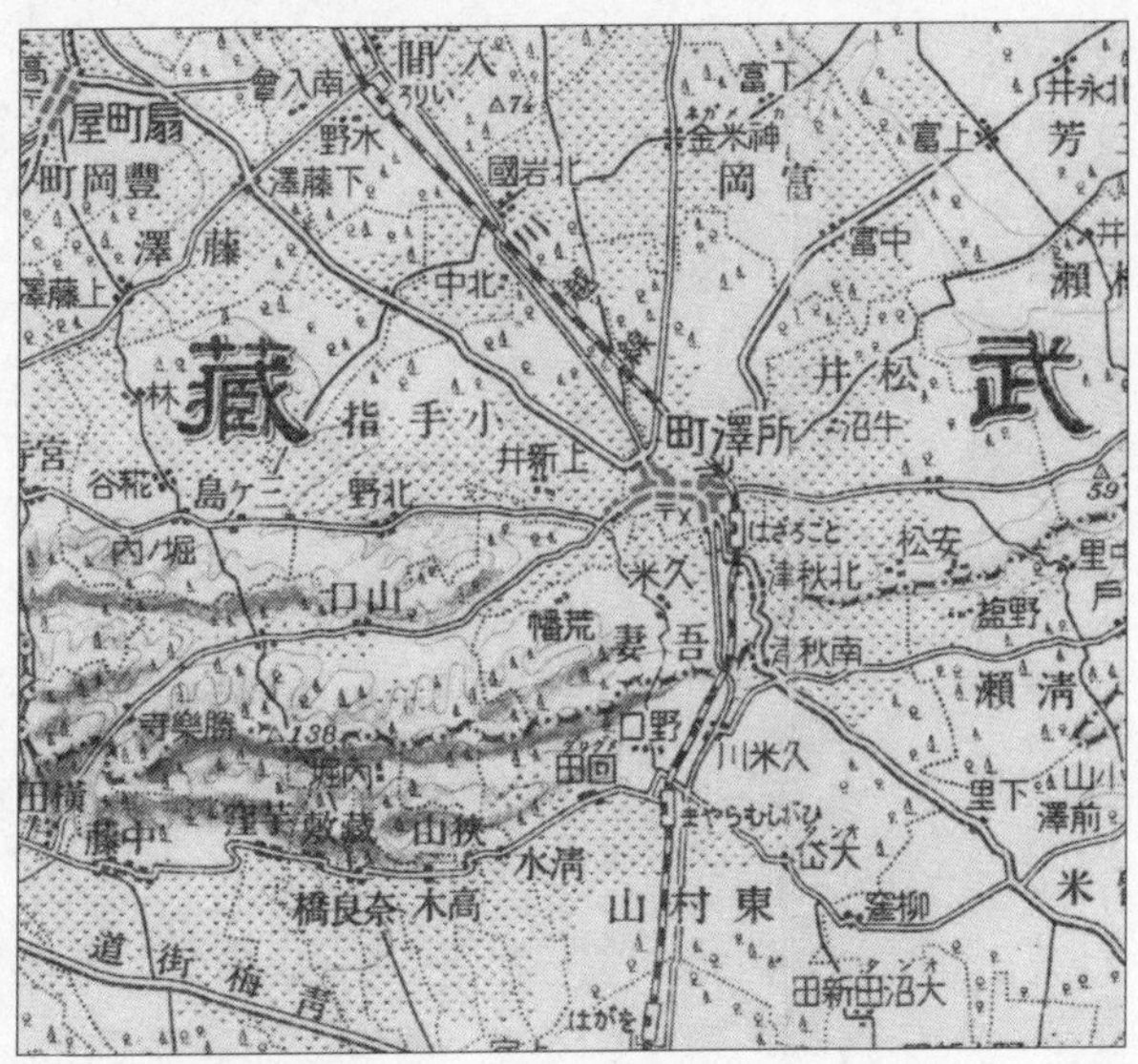

図37　旧国名か国名か
官製の地図中に府県名はなく、国名の「武蔵」のみが記されていた。
1：200,000帝国図「東京」大正３年製版

のような場合、最近ではたいてい「鳥取です」「兵庫です」などと県名を言うことが多いようだ。県名と県庁所在地が一致している場合は、たとえば鳥取県なのか鳥取市なのか判断できないこともあるが、同じケースでも長野県人に関しては長野県出身を意味するのに「長野です」とはあまり言わない。「長野出身」といえば長野市出身という意味になるようで、たいていが「信州です」と胸を張る。これは県庁の

位置をめぐって松本と長野がしばらく争った史実が背景にあるようだ。

明治から昭和三〇年代頃までの小説などを読むと、多くの人が国を名乗っていたような印象だ。それも信濃とか遠江のような正式名称ではなく「州」を付けて信州、遠州、駿州（駿河）、上州（上野）、野州（下野）、甲州（甲斐）、相州（相模）などといった具合である。「相州小田原の八百屋の倅でして」といった具合だ。なお越中や越後は区別がつきにくいからか、そのまま国名で呼ぶのが一般的であったようである。

国や郡の名称は古代の律令体制で定められたもので、郡名は明治期にだいぶ統廃合や分割があったけれど、国名は平安時代から江戸末期まで六六国二島（対馬・壱岐）で変わっていない。その一方、江戸時代には各藩や幕府の直轄領など「領地」としての所属が別枠で存在した。国と藩の領地が一致している国はそれほど多くなく、たとえば徳島藩（蜂須賀家）は阿波と淡路の両国、土佐藩（山内家・高知藩）は土佐一国と明瞭に分かれているが、隣接する伊予国には西條藩や松山藩のような親藩もあれば、大洲藩（加藤）や宇和島藩（伊達）などの外様も混在し、また多数の飛地の存在もあって非常に複雑で、また時期により変化もあった。このため、現在のように県庁や市役所などの行政機関と行政区画が一致した状態と同じように考えるわけにはいかない。

明治以降に行われた廃藩置県にしても、当初は藩や直轄領の区分を機械的に県として割り当て、いわば「藩の数だけ」県が置かれたため、明治四年（一八七一）一〇月の時点では東京・京都・大阪の三府および三〇二県という多数に及んだ。しかし領域はほぼ江戸期そのままだったため、たとえば彦根県が現在の滋賀県のエリアに加えて東京都世田谷区や狛江市に飛地を持っていたなど、近代的な行政区分とするには非現実的であり、翌五年二月には三府七二県に統合されている。その後も複雑な統廃合の経緯があって、最終的に明治二一年（一八八八）に愛媛県から香川県が分離して現在の四七都道府県体制が確立された（東京府が都になったのは昭和一八年）。

そのような中、住民はどのように居住地を捉えていたかといえば、あくまで古代以来の国—郡—村という枠組みを絶対的な地理的区分としていたようだ。その領地をたまたま神奈川県や大阪府などという役所やその知事が支配している、という感覚だろう。廃藩置県の直前にあたる明治元年（一八六八）一二月に陸奥国が陸奥・陸中・陸前・磐城・岩代の五国に、また出羽国が羽前・羽後に分割されたのも、県という統治機構の枠組みと地理的枠組みが別物と考えていた証左ではないだろうか。

その後は郵便の宛名などに府県−郡−町村という行政区画と一致させる書き方が奨励され（法的にどうなったかは調べていないが）、急速に「国」が住所表記から廃れていったようだ。それでも国（令制国）の存在そのものは法的に廃止されてはおらず、従って律令制における相模国や河内国などは、厳密に言えばまだ生きているのだ。

外国地名を表記する難しさ

近代看護教育の母と呼ばれるフローレンス・ナイティンゲールは有名だが、彼女の名前が生まれた街の名に由来することはあまり知られていない。もちろん英国人なのだが、両親の「新婚旅行」は上流階級ゆえ二年間にも及んでおり、この世に生を受けたのが旅行中に滞在したこの街であったということだ。

フローレンス〈Florence〉と聞いてピンと来る日本人は今では少なくなっているかもしれないが、イタリアのフィレンツェ〈Firenze〉のことである。英国人が勝手にそう呼んだだけなのであるが（花の女神の町―フロレンティアが語源とされる）、他にもイタリアの都市名ではヴェネツィア〈Venezia〉がヴェニス〈Venice〉、ナポリ〈Napoli〉がネイプルス〈Naples〉、ドイツならミュンヘン〈München〉がミューニック〈Munich〉などと、すべからく英国人の自己流だ。植民地であったインドでは正式名称さえボンベイ〈Bombay〉、カルカッタ〈Calcutta〉などと英語流を押し付ける形が長く続いたが、こちらは近年ようやくムンバイ〈Mumbai〉、コルカタ〈Kolkata〉と現地の呼び方に改められている。

なるほど大英帝国ならではの影響力ゆえに、日本で出版される地図やメディアの用語としても古くから英国流が「孫引き」で表記されてきた歴史があるが、現地呼称主義が少しずつ浸透してきたので、「フィレンツェへ行ってきました」と語る日本人が昨今ではおそらく大半になった。

そもそも英国に限らず、各国それぞれに自分たちの言語の流儀で他国の地名を呼ぶことは歴史的に広く行われている。英国人に都市名をミューニックやハンバーグ（ハンブルク）などと呼ばれてきたドイツ人も、イタリアの諸都市をマイラント（ミラノ）、ゲヌア（ジェノヴァ）、スイスならゲンフ（ジュネーヴ）などと呼んでいるし、対するイタリア人もドイツのミュンヘンをモナコと堂々と呼んでいる。国名のモナコとまったく同じなのでどう区別するかといえば、ドイツの方を「バイエルン州のモナコ」を意味する「モナコ・ディ・バヴィエラ」と称する。ここまでの話は当然ながら著名な都市や国名に該当することで、一般に知られていない都市や地域の名称については「自己流」が広がらないので、現地読み・現地表記となることは言うまでもない。

さて、日本でも近隣諸国の地名は日本流で呼んできた。中国の北京（ペキン）や上海（シャンハイ）、南京（ナンキン）、青島（チンタオ）などは慣習として現地読みに近い発音で呼ばれているが、重慶（じゅうけい）や広州（こうしゅう）、天津（てんしん）、長春（ちょうしゅん）などは日本流の音読みをする人が多い。ところが文部科学省が検定する学校地図帳では、現地読みを尊重したカタカナ表記とし、カッコ内に日本の漢字を入れるスタイルで、チョンチン（重慶）、コワンチョウ（広州）、ティエンチン（天津）、チャンチュン（長春）という具合に表記することになったのだが、テレビやラジオでは相変わらず「じゅうけい」「こうしゅう」「てんしん」「ちょうしゅん」と日本語読みだ。

以前は韓国・北朝鮮の地名もテレビ・ラジオは中国と同様に音読みで、光州（現在はクァンジュ）、慶州（同キョンジュ）と発音したものだが、だいぶ以前に「現地読み」に変更したので、今では定着した感がある。金大中氏の読み方がかつての「きんだいちゅう」から「キムデジュン」に変わったのが象徴的だ。中国との扱いの違いについては政治的な背景はともかく、中国語の場合は「チャ行」が多くを占めてしまい、聞いても頭の中で区別が付きにくいという言語的な特徴が主な原因だろう。

日本では外国の地名を「発音記号としてのカタカナ」で便利に表記してきたが、現地音に近づける努力の結果、昭和五〇年代にカンザスシチーと表記されていた地図帳が現在ではカンザスシティになり、ドイツのジュッセルドルフもデュッセルドルフなどと変化している。外国語に親しむ人が相対的に増えたことにより、一般に無理なく発音できるようになったこともその背景かもしれない。

国名は古くから伝統的に使っているものが多い。たとえば日本でオランダと呼ぶ国は本国ではネーデルラントだが、戦国時代に来日したポルトガル人宣教師がオランダと呼んだことを受け継いでいる。最初に入った地名情報は後世にまで大きく影響を及ぼすも

図38　外国地名を表記する難しさ
韓国の地名は「現地呼称主義」を採用、カタカナと漢字が併記されている。国土地理院 1：5,000,000「日本とその周辺」平成27年修正

のである。地続きの外国の多い大陸では境域を接する「お隣さん」の名でその向こう側の地域ひいては国名を呼ぶことも珍しくない。

たとえばフランスではドイツをアルマーニュと呼ぶのだが、フランスの方から見てライン川の東側に住むゲルマン系民族アレマン人に由来するのに対して、同じドイツでもフィンランド人がドイツをサクサと呼ぶのは、北ドイツにルーツをもつザクセン人（サクソン人）の呼び名だ。

またロシア語で中国をキタイと呼ぶのも、一〇世紀に中国北部に遼（りょう）を建国した民族である契丹（きったん）が基になったという。境界のすぐ向こう側の異民族のみを見ての命名は、地球儀的な視点を持てる現代とはだいぶ感覚が異なるが、いずれにせよ「国民国家」という概念が成立するはるか以前に定まった呼称である。行動範囲が限られた古人の世界観を窺わせて興味深い。

地名の「本家」はどちら？

私の取材ノートを見ると平成一五年（二〇〇三）二月とあるから一七年も前の話だが、山口県徳山市（現周南市）へ行って珍しい地名の取材をしたことがある。珍しいといっても、その「珍しさ」が尋常ではない。有楽町、銀座、千代田町、原宿町、代々木通、新宿通などなど。いずれも東京では名の通った地名だ。これがたとえば「銀座」であれば全国各地に点在しているのでさほど驚きはしないが、ここまで「東京地名」が多く並ぶと滅多にない奇観である。

そこで徳山の中心市街のある寿司屋に入って、昼食がてら店のオヤジさんに聞いてみ

図39　地名の本家
新宿通、代々木通、銀座など、東京の地名が目立つ山口県周南市の旧徳山市街地。駅前には図にないが有楽町もある。地理院地図より

た。すると「今は何でも東京中心だから、東京の地名が徳山にもあるって驚かれるんだけど、こっちの方が先なんですよ。明治維新から日本を動かしてきたのは防長二州(ぼうちょうにしゅう)（周防・長門）でしょう？　だから軍隊の言葉でも、自分は○○でアリマス！というのも長州弁だしね……」と驚くような答えが返ってきたのである。オリジナルは徳山だというのだ。

　すばらしい愛郷心の発露ではあるが、少しは地

名をかじった身にとって、にわかに信じられるものではない。だいぶ疑いながら市立図書館へ行ったところ、『徳山市史　下巻』（徳山市史編纂委員会編・昭和六〇年徳山市発行）に「新町名の誕生」という項目があった。そこには「戦災復興都市計画区画整理事業の対象となった第一・第二工区の地域については、その工事の完了により、それぞれ旧藩時代の名残をとどめる字名や町名が整理調整され、新興徳山市にふさわしい新町名、地番に変わった」とある。その後に具体的な町名が列挙されているのだが、先に挙げた「東京地名」の旧町名（カッコ内）は次のとおりだ。

有楽町（佐渡町南浦、油屋町南浦、西浜崎、油屋町、佐渡町）、銀座一丁目（佐渡町、幸町）、銀座二丁目（幸町）、代々木通一丁目（順庵町、代々小路、才ノ森）、代々木通二丁目（才ノ森）、新宿通一丁目（才ノ森、下今宿）、新宿通二丁目（下今宿）……といった具合だ。代々小路が代々木に、下今宿が新宿通というのは微妙に似てはいるが明らかに異なる地名であり、東京の地名に合わせた点では同類だろう。ここに挙げたのはいずれも昭和三五年（一九六〇）から三七年にかけて成立した町であり、千代田町は同四二年、原宿町に至っては同五六年なので（東京都渋谷区原宿は現存しない）、当然ながら東京の方が古いのでアリマス。

老舗の本家争いはよくある話だが、争っているかどうかは別として、地名にも本家と分家のような関係は存在する。たとえば徳山市と合併して周南市になった新南陽市は昭和四五年（一九七〇）に南陽町が改称・市制施行したものだが、「新」がついたのは「本家」の南陽市がすでに山形県に存在したのが理由だ。

南陽市は県南部の東置賜郡赤湯町、宮内町、和郷村の三町村が合併した際に新市名をめぐって紛糾したため、当時の山形県知事が仲裁案として中国の故事「南陽の菊水」を引き、北に丘陵、南に沃野というイメージで南陽市を提案、昭和四二年（一九六七）に誕生した。山口県南陽町も富田町と福川町の合併で同様の漢語由来で決まったが、「南陽」の名としては昭和二八年（一九五三）とむしろ古い。しかし「市名の重複は避ける」という当時の自治事務次官通達に従って、市としては二番手となるため新を付けた。このような重複回避や、また既存の自治体とは違うことを強調すべく新を付ける例は、他にも新温泉町（兵庫県）、新上五島町（長崎県）、新ひだか町（北海道）などがある。

横浜市青葉区の元石川町は、かつて単に石川だった。神奈川県都筑郡山内村大字石川であるが、昭和一四年（一九三九）に横浜市港北区（現在は分区により青葉区）に編入された際に他の町と同様に町を付けて石川町とはせず、元石川町としている。これは旧横浜市内にすでに石川町があったからだ。場所は中華街の近くであるが、横浜が明治二二年（一八八九）に市制施行して以来の歴史をもっている。江戸以前は石川村で、文献によれば鎌倉時代まで遡るというからなかなかの歴史だ。ところが青葉区の石川のルーツは平安時代の「石川牧」というからこちらの方が古く、これにより「元から」ということで元石川町になった。

モトの地名には「本」の字もしばしば用いられるが、JR総武本線の下総中山駅と、京成電鉄本線の京成中山駅付近には市川市中山と船橋市本中山が隣接している。日蓮宗の古刹・法華経寺があるのは市川市中山の方で、中山村の歴史は鎌倉時代に遡るが、駅はどちらも船橋市本中山だ。ところがこちらは昭和四二年（一九六七）に誕生した新しい地名で、それまでは小栗原町だった（同町の一部は昭和四九年まで残った）。

江戸期は葛飾郡小栗原村で、明治町村制時には東葛飾郡葛飾村大字小栗原。法華経寺とは近く、確かに結び付きは強かったというが、やはり下総中山・京成中山の両駅の所在地であることから変更されたというのが真相だろう。小栗原の地名は小学校や神社、団地などの名称にまだ残ってはいるが、少なくとも江戸初期以来の長い歴史をもつ地名が消えたのは惜しい。本を名乗るからといって歴史が古いとは限らないという好例である。

第五章　地名に関するあれこれ

近所の同一地名をどう区別するか

東急田園都市線が多摩川を越えて神奈川県に入ってほどなく、宮崎台・宮前平という二つの駅が並んでいる。所在地はそれぞれ川崎市宮前区の宮崎と宮前平であるが、なんとなく紛らわしさを感じないだろうか。実はどちらも元をたどれば橘樹郡宮前村だった。読みは「みやざき」で、昭和一三年（一九三八）に川崎市へ編入される以前の自治体名である。

宮前村は野川・梶ヶ谷・馬絹・土橋・有馬の五村が明治二二年（一八八九）に合併した際に、域内の女体権現社（現馬絹神社）の前にある小字名「宮前」を採用したもので、村には宮前小学校が設置された。ところが直線距離で一二キロほど離れた同じ橘樹郡内の川崎町（現川崎市川崎区）宮前町にできた宮前小学校と紛らわしく、実際に書類の誤送付なども発生したため、宮前村が川崎市に編入されたのを機に、同村にある方を宮崎小学校と表記変更したことが発端だ。戦後の昭和二六年（一九五一）には宮崎という大字も新設されている。

こうして昭和一三年の合併以来「宮前」の表記は消えたが、同四一年に田園都市線が開通した際に宮前平駅が設置された。ただし「みやざきだいら」では紛らわしいためか「みやまえだいら」の読みが採用されている。同四七年には町名も駅に合わせて宮前平となり、同五七年には高津区の西側が分区された際に宮前区と名付けられるなど、旧村名の宮前の表記が大復活を遂げる一方で、読みの「みやざき」も宮崎という町名・宮崎台の駅名で残ったのである。

岡山県の倉敷といえば、今では誰もが間違うはずもなく岡山市の西隣の都市名を思い浮かべるが、かつては県内に二つの倉敷があった。もうひとつは吉井川の支流・吉野川に沿った現在の美作市林野である。ここは鎌倉時代頃から倉敷と称しており、英田郡役所が置かれるなど地域の中心として倉敷女学校（現県立林野高校）もできた。ところが備中の倉敷（現倉敷市）と混同される不便もあったようで、英田郡倉敷町は大正七年（一九一八）に林野町と改称した。平安期の林野郷にちなむ命名である。ついでに女学校の名も林野実科女学校と改称、大字名も倉敷が林野となったため、現在では「倉敷」の痕跡は地名にまったく残っていない。ちなみに現在のＪＲ姫新線の駅名は改称後の昭和九年（一九三四）の設置なので最初から林野駅である。

埼玉県にはかつて大宮町が二つあった。北足立郡大宮町と秩父郡大宮町である。前者は戦前の昭和一五年（一九四〇）に市制施行して平成一三年（二〇〇一）まで存在した大宮市で、現在はさいたま市。地名は武蔵国一ノ宮である氷川神社にちなむ。ＪＲ東北

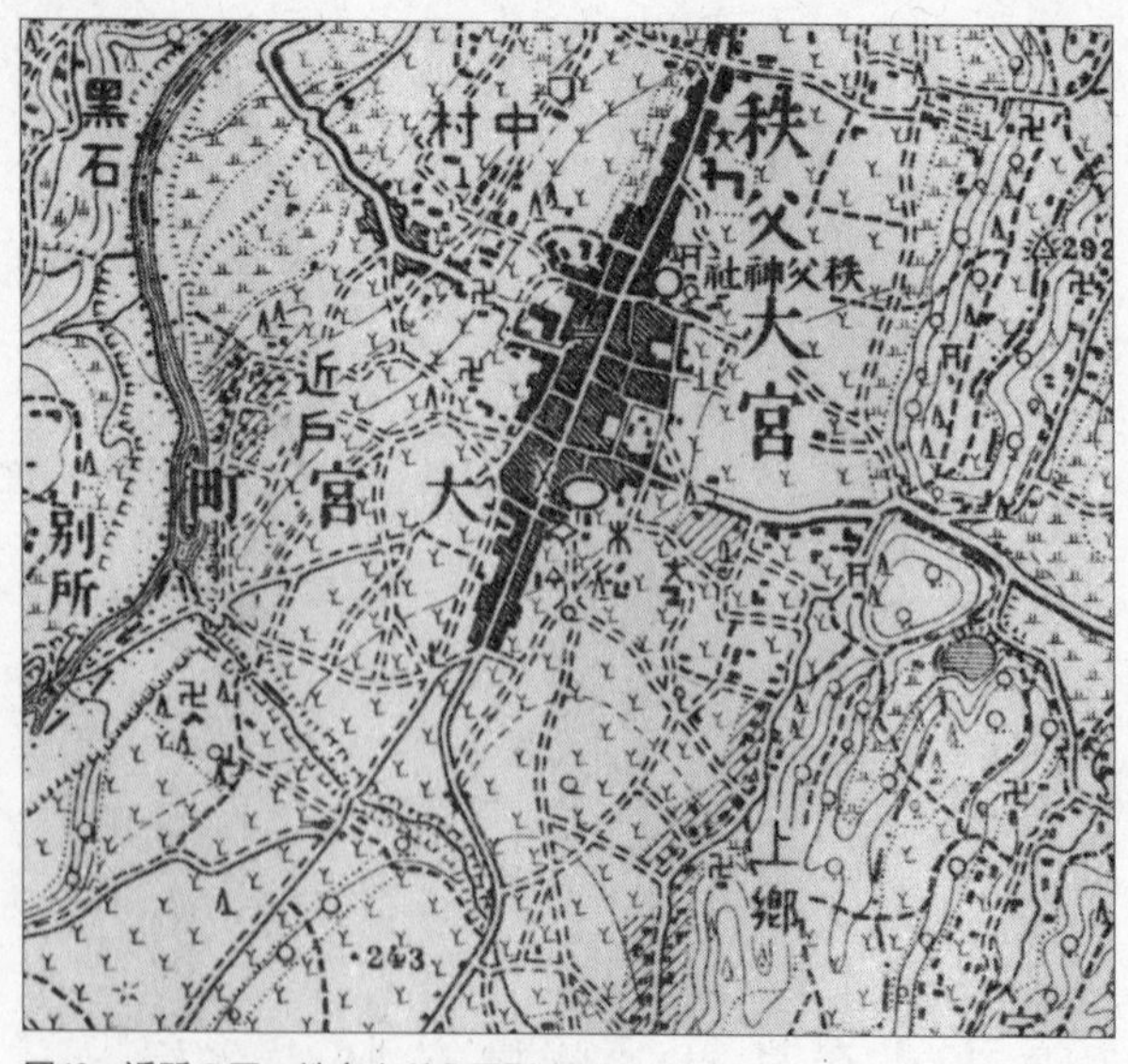

図40　近所の同一地名をどう区別するか
埼玉県秩父市の中心部は大正５年（1916）まで秩父神社に由来する大宮町だった。１：50,000「秩父大宮」明治40年測図

線（宇都宮線）と高崎線、東北・上越新幹線、東武野田線（アーバンパークライン）、そしてニューシャトルが集まる拠点駅として埼玉県最大の乗車人数を誇る大宮駅があり、県内における交通の一大中心地である。

もうひとつが現在の秩父市であるが、秩父はもともと郡名であった。その中心地が大宮町で、地名は秩父地方の総鎮守・秩父神社に由来する。大正三年（一九一四）には上武（じょうぶ）鉄道（現秩父鉄道）が大宮町まで開通するが、その際に駅名を県内にすでにある大宮と名乗るわけにはいかず、郡名をとって秩父駅と名付けられた。ちなみに大宮町という駅名にしようにも、その前年に富士身延鉄道（現JR身延線）大宮町駅が開業しているので無理だ（現富士宮駅）。

町名の方もこのあたりで気運が高まったのか、北足立郡大宮町との混同を避ける意味から同五年に秩父町と改称した。一方で大字としての「大宮」はその後も継続し、今も秩父市内に残っている。しかし市街地の大半は別の町名に細分化されたため、山林や畑などが大半を占めており、化石的な存在に過ぎない。このためかつてこの町が大宮と呼ばれたことは忘れられつつあるようだ。

群馬県高崎市には、駅にほど近い旧市街に「あら町」という平仮名の町がある。この町は平成一八年（二〇〇六）に新町から表記をわざわざ平仮名に直した。新町は中世の和田氏時代からそのように称しており、字義に反して歴史はなかなか古い。一方でそこから一〇キロほど東南東に多野郡新町があったが、これが高崎市と合併することとなり、はたと困った。そのままでは高崎市新町が二か所になってしまうための苦肉の策だ。

多野郡の新町も歴史は古く、中山道の新しい宿場町を意味する新町として元文年間（一七三六〜四一）に公式に成立して以来である。合併協議会の席上でどのような話し合いが進められたかは聞いていないが、結果的には旧高崎市内の新町を平仮名表記することで決着した。ここにお住まいの方から「とても残念」と連絡をいただいたことがあるが、このような協議会には歴史や地理の専門家が不在であることも多く、高崎市ともあろうものが残念なことをしたものだ。多野郡の方を高崎市緑野新町（多野郡は多胡郡と緑野郡の合併郡名）などとすれば良かったのだが。遠い将来に「高崎市新町」という過去の文書が出てきた際に、平成一八年（二〇〇六）を境にその前後で指す場所も読みも違うというのは、それこそ混乱の元になりかねない。

境界の両側に同じ地名がある

東武東上線には「ふじみ野」という駅がある。路線そのものは大正三年（一九一四）の開通と古いが、この駅は名前のたたずまいから想像できるように平成五年（一九九三）に誕生した「新顔」で、駅名は富士見市にちなむ。富士見の地名は全国に分布しているが、ここでは昭和三一年（一九五六）に鶴瀬村と南畑村が合併して命名された富士見村がルーツである。

やがて「平成の大合併」の時代に入ると富士見市・上福岡市・大井町・三芳町の二市二町による合併が計画され、合併協議会が立ち上げられた。中心駅となる「ふじみ野」

が新市名に決定したまでは良かったのだが、いろいろあって富士見市と三芳町が抜け、結局は上福岡市と大井町との二市町合併に落ち着いている。しかしその結果「ふじみ野駅の所在地はふじみ野市ではなく富士見市」という奇妙なことになってしまった。

おまけに市内の町名の並び方が紛らわしい。駅の東が「富士見市ふじみ野東」で西が「富士見市ふじみ野西」、市の境界を越えた西側が「ふじみ野市ふじみ野」なのである。要するに「ふじみ野」の東側に「ふじみ野西」が位置する矛盾した配置なのだが、これは両市間のコミュニケーション不足が生んだ混乱だろう。そもそも消えるはずだった「富士見市」と、その富士見市を含んだ新生「ふじみ野市」が隣り合って共存していること自体が混乱の元であり、それ以前に地元の歴史的地名である勝瀬、亀久保などは完全に無視されてしまっている。真の有識者が関わって地名政策が行われない日本の滑稽な縮図となってしまった。

もっと古いのは小田急小田原線の相武台前駅周辺にある「相武台」。駅の所在地は座間市相武台一丁目なのだが、駅のすぐ西側に相模原市南区相武台一丁目が隣接している。駅のすぐ近くに市境が通っているために、たまたま両市内に相武台が誕生したのだろうが、どちらにも一丁目～三丁目は存在するので、きっと混乱して道に迷った人もいるに違いない。

両者の中では座間市の方が古く、昭和三六年（一九六一）に入谷（いりや）・座間・栗原の各一部から小田急の相武台前駅に近い部分を分けて相武台とした。相模原市の方は少し遅れた昭和四四年（一九六九）で、元は新戸と新磯野の一部である。これらの町名は小田急の駅名に合わせて設定されたもので、駅名そのものは昭和一六年（一九四一）と古い。ただし小田急線が開通した昭和二年（一九二七）時点では座間と称し（現在の座間は新座間だった）、その後同一二年に陸軍士官学校が近くに移転してきたので士官学校前と改称している。

ところが戦時体制下で「軍の施設を名乗るのは好ましくないので改称を」という全国的に行われた行政指導のため相武台前と変更された。相武台は士官学校の別名で、小田急でも「相武台駅」でどうかと陸軍当局に打診したのだが、昭和天皇が「武を相る」として命名した「畏れ多い名称」という理由から当初は許可されず、「前」を付けることでようやく実現した曰く付きの駅名なのである。ちなみに広大な学校敷地（現米軍座間キャンプ）の西側を通る相模鉄道＝現JR相模線では陸士前駅を「相武台下」と改称した。

名古屋市では主に昭和四〇年代に住居表示が実施され、これに伴って多数の江戸期以来の町名が消えた。代わりに広い面積を栄とか桜、丸の内（外堀の外側なのだが……）といった新町名が設定されているのだが、それらの町はあくまで広い道路を境界としたため、結果的には戦前から続く複雑な行政区の境界を無視したことになり、ひとつの町

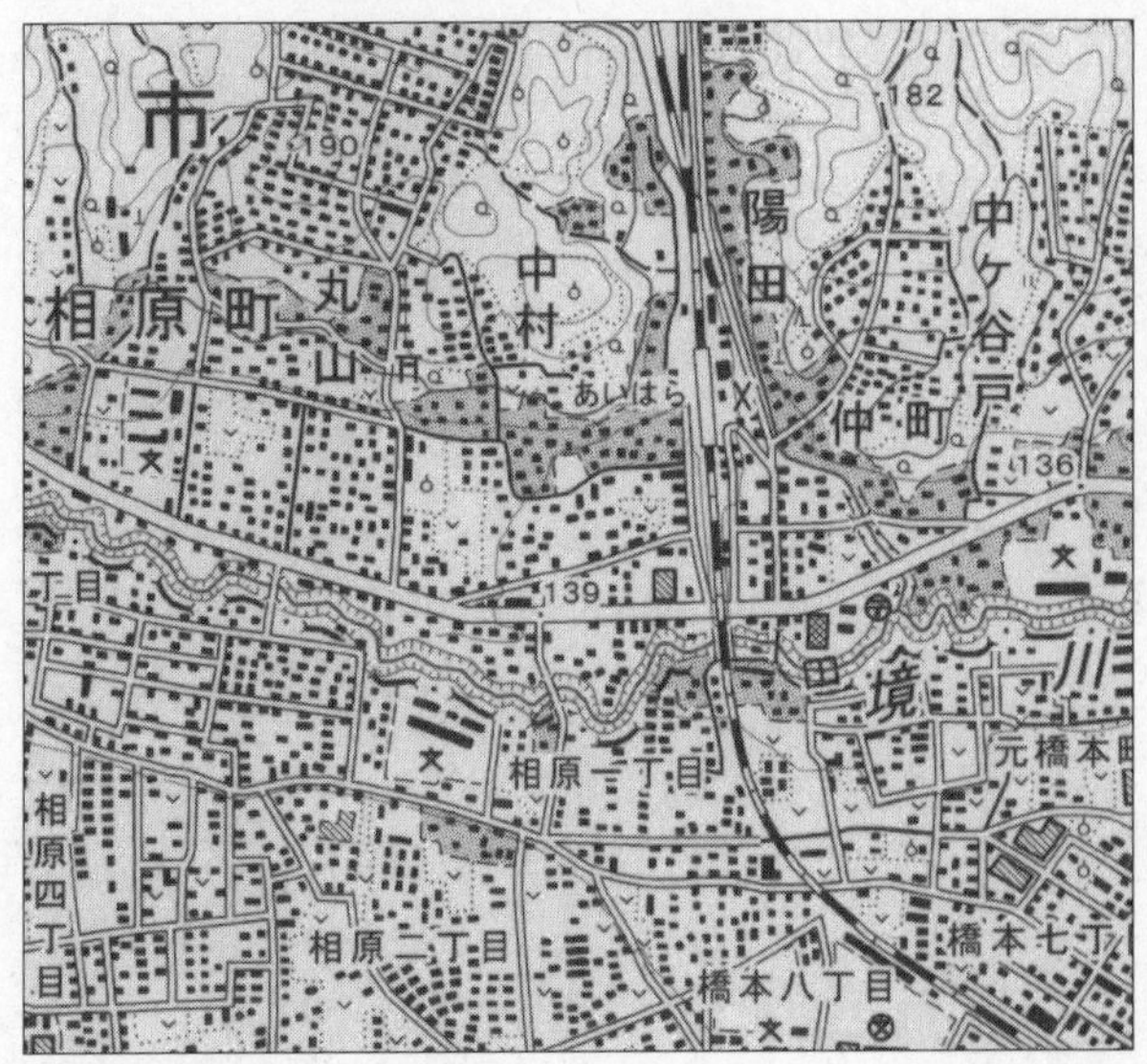

図41　境界の両側で同じ地名
近世初頭に武蔵・相模の国境変更で二分された相原は今も東京都町田市と神奈川県相模原市にまたがる。1：25,000「八王子」平成19年更新

名が複数の区にまたがるケースがいくつか発生している。

たとえば名古屋駅前を意味する「名駅」の一丁目〜三丁目はすべて中村区と西区にまたがっており、しかも一つのブロックのまん中を区境が通る場合、名駅三―八―二六の店が西区なのに対して、名駅三―八―二二の店は中村区という具合である。ちなみに住居表示の実施以前は前者が那古野町、後者が上笹島町であった。こちらの方がはるかに理解しやすいと思うのは筆者だけではないだろう。

さて、戦後の住所変更に伴うものではなく、はるかに古い事例もある。東京都と神奈川県にまたがる相原の地名がそれで、現在ではJR横浜線相原駅の所在地が東京都町田市相原町であるのに対して、そこから境川を南へ渡ると神奈川県相模原市緑区相原一丁目となっている。相原町には町田市立、相原一丁目には相模原市立の同じ「相原小学校」が存在する（しかも電話番号が一番違い！）など紛らわしいのだが、近世初頭までは双方は一体で相模国高座郡の相原村であった。しかし文禄三年（一五九四）の洪水を機に検地が行われた際に、従来は現在より北の尾根沿いにあった武蔵・相模の国境がこの境川に改められた（これにより境川と呼ばれるようになった）。これが相原が両国にまたがっている理由である。

多摩川の両側には同じ地名が特に目立ち、たとえば押立（押立町）という地名が府中市と稲城市、布田（上布田・下布田）が調布市と川崎市、和泉（元和泉・西和泉など）が狛江市と川崎市、宇奈根、野毛（上野毛・下野毛）、等々力、丸子（上丸子・下丸子など）などがそれぞれ世田谷区と川崎市にまたがっている。こちらは時代による多摩川の流路の変遷や、対岸にある土地の開墾などに関連したもので、少し事情が異なるけれど。

広域地名の「正しい使い方」とは

武蔵野(むさしの)という地名は、長らく各方面で愛されてきた。たとえば多摩地区で平坦な台地上にケヤキの並木などあれば「武蔵野の面影を色濃く残す風景」などと形容されるし、今は見渡す限りの住宅地になっているエリアなら、昔語りの冒頭に「かつてこの地には武蔵野の雑木林が広がっていた」といった表現をすれば、地域の風格が高まるような気分になる。そもそも武蔵野とはどこを指すのか、『角川日本地名大辞典』から抜粋してみた。

古代以来の原野名。一般には関東平野西部の武蔵野台地を指し、広義には関東または武蔵国の原野をいう。「新編武蔵」(江戸末の地誌『新編武蔵風土紀稿』＝引用者注)では「古(いにしえ)は十郡に跨て、西は秩父峯、東は海、北は河越(かわごえ)、南は向ケ岡、都築原(つづきはら)に至ると云々、最広漠の野なりしことは諸書紀行の類にも載たり」と記す。初見は「万葉集」第一四収載の東歌数首「むらさきのゆかりの色も問ひわびぬみながら霞むむさしの原」(藤原定家：続後拾遺集)「むさし野に生ふとし聞けば紫のその色ならぬ草もむつまじ」(小野小町：続古今集)など古来、紫の主材で歌枕として多くの歌人にうたわれている(後略)。

川越から都築原（現横浜市域）にまで及ぶ広大なエリアを指していたことがわかるが、明治二二年（一八八九）に町村制が施行された際、さっそく新しい村名としてこれを名乗る村が誕生した。現在の武蔵野市の前身にあたる武蔵野村で、吉祥寺村・境村・関前（せきまえ）村（むら）・西窪村という四村に加えて井口新田の飛地が合併して成立した。合併で新しく村名を付けるのは大変な仕事で、旧村それぞれが納得いく村名が見つからずに紛糾することも珍しくない。このため、広域地名は各村が折り合える便利な「道具」として好んで用いられてきた。

ちなみに武蔵野村はこれまで一三一年の間、一度も合併せずに現在の武蔵野市となっており、広大な武蔵野（厳密な範囲が決まっているわけではないが）に比べると市域面積はわずか一〇・七三平方キロでしかない。武蔵野の全体からすればおそらく一パーセント程度だろう。それでも「早い者勝ち」で名乗ってしまえば、他の村には口出しできない。

武蔵野村ができた二六年後、大正四年（一九一五）に池袋～飯能（はんのう）間を開業したのが武蔵野鉄道である。現在の西武池袋線であるが、池袋にある西武百貨店の前身も武蔵野デパートだった。戦後に西武鉄道となってからも、昭和二七年（一九五二）までは西武武蔵野線と称していたため、沿線に古くから住む人は「武蔵野線」と呼ぶ人が今も珍しくないようだ。これが池袋線に改められた二一年後には国鉄（現ＪＲ）に武蔵野線が登場する。府中本町から南浦和を経由して新松戸に至る東京の「外環状線」で（現在は鶴見～府中本町～南浦和～西船橋）、全体から見れば地形区分としての武蔵野台地を走る区間は四分の一以下ではあるが、古来の広義の武蔵野には合致しており、ふさわしいネーミングではないだろうか。やはり人気のある広域地名である。

　自治体名はともかく市内の町名は自由なので、埼玉県と東京都内には武蔵野を名乗る町名・大字がいくつも存在する。最も古いのは地形的に武蔵野ではないが、深谷市内に明治九年（一八七六）に誕生した大字武蔵野があり、他にも小字として武蔵野を名乗るものは各地にかなり多く発生した。こちらはおそらく地租改正時、雑木林などの入会地（いりあいち）で、他にあまり名付けようがない土地に命名された例が多い。他に大字としては埼玉県ふじみ野市（旧上福岡市・大井町）に武蔵野が昭和四二年（一九六七）に、昭島市にも同六二年に武蔵野が誕生した。平成に入るとひらがな地名の流行が影響してか、瑞穂町むさし野（平成一五年）と川越市むさし野（平成二〇年）が新たに登場している。

　自治体名でよく用いられる広域名称の代表格が旧国名で、岐阜県美濃市の前身である上有知町（こうづち）が「美濃紙の産地」であることから明治四三年（一九一〇）に美濃町を名乗ったのが最初期の事例であるが、戦後は合併の進展に伴って目立つようになってきた。石川県加賀市（大聖寺町（だいしょうじまち）ほか）、岡山県備前市（片上町ほか）、高知県土佐市（高岡町が改称）などが登場したが、これによって地名の大小の「逆転現象」が各地で見られるよう

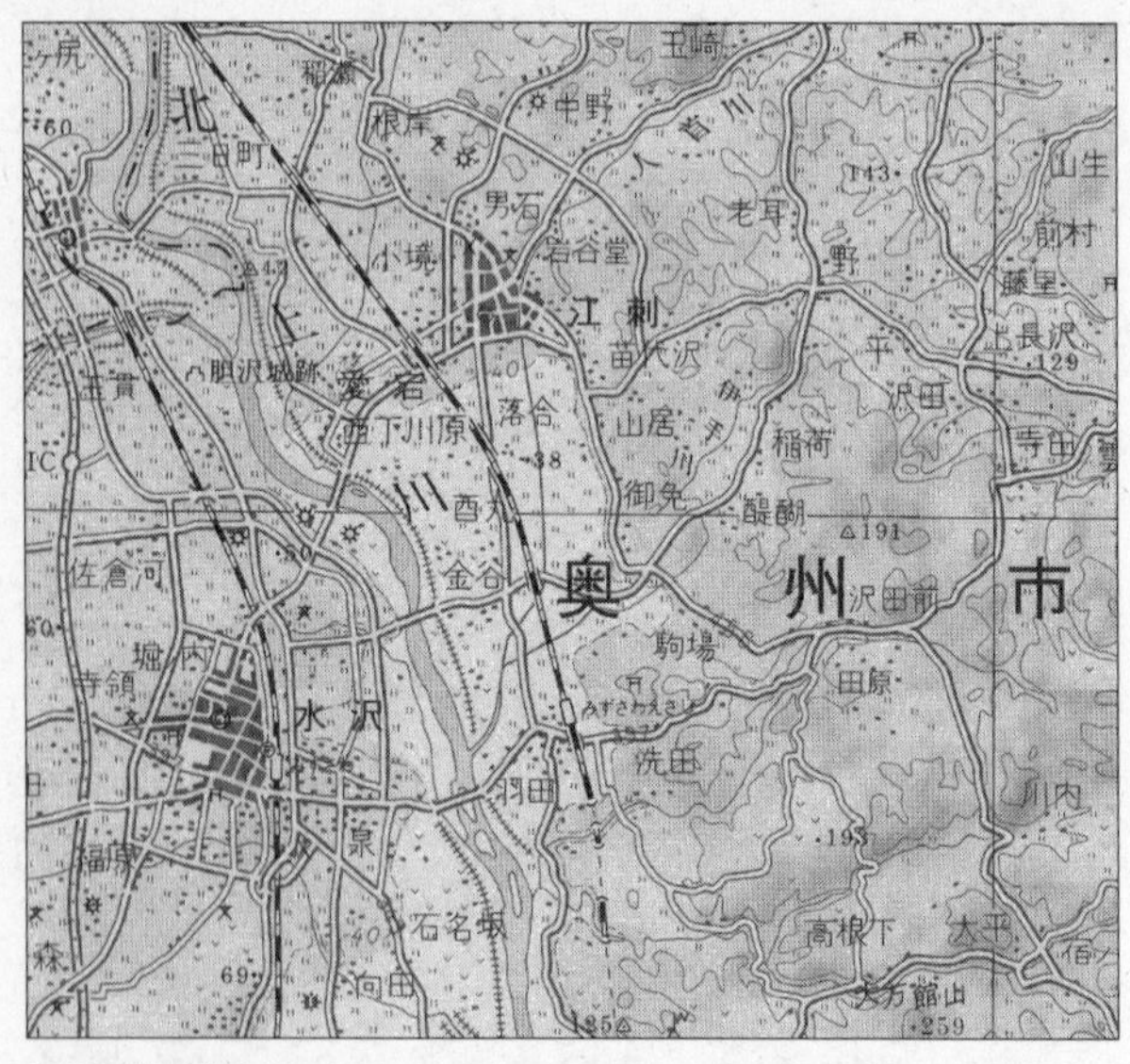

図42　広域地名
岩手県水沢市・江刺市・前沢町・胆沢町・衣川村が平成18年（2006）に合併した奥州市。1：200,000地勢図「一関」平成24年要部修正

になっていく。

　たとえば石川県加賀市など、今では誰もが慣れてしまったけれど、そもそも石川というのは県庁所在地（美川町＝現白山市）が属した郡名であり、もとは加賀国に所属する河北、石川、能美（のみ）、江沼の四郡のひとつである。高知県土佐市にしても、県名は城下町・高知を採用したものであるため、「土佐の高知の播磨屋橋で……」という階層の順番とは逆で、高知県の数ある市の中の土佐市、と

いう奇妙な順番になってしまった。

　平成の大合併ではさらに広域の地名も用いられ、たとえば岩手県に誕生した奥州市（おうしゅうし）（水沢市・江刺市（えさしし）ほか）など、奥州つまり陸奥国といえば現在でいえば福島、宮城、岩手、青森の四県にまたがる九州より広い国であった。その三分の一に過ぎない岩手県の市名としてふさわしいかどうか。そのうち「関西市」とか「西日本市」などが登場しても現在の自治体名決定のやり方の枠組みでは止めようがない。広域地名の「濫用」を防ぐ手段はないものだろうか。

地名が指す範囲とは

　私はこれまでずっと「横浜の出身」と称してきた。拙著のプロフィルなどでも横浜市生まれとしているのだが、生まれた病院は母の実家があった横須賀市なので、看板に偽りありなのかもしれない。しかし産後ほどなく横浜の自宅に戻っているので、「横須賀市生まれ」も実態を反映していない。他の人はどうしているのだろう。

　以前にある地方で出身地を尋ねられた際、いつものように答えると「横浜の人って、絶対に神奈川県出身とは言わないんですよね」と指摘された。なるほどそうかもしれない。白状すると、「神奈川県のその他の田舎とは一緒にしないでくれ」的な意識がまったく働いていないとは言い難い。きっと神戸の人も兵庫県出身とはあまり言わないのではないだろうか。

弁解するわけではないが、神奈川県では漠然として広すぎるし、横浜なら知名度も高くて納得してくれそうだという微量の親切心（？）が含まれているのもウソではない。しかしどうしても「港の見える丘公園」とか中華街、外国人墓地などのエリアばかり想像させてしまうので、慌てて「市のずっと西の外れです」と付け加えている。地方出身者の場合でも、東京でお国を聞かれて、たとえば香川県東かがわ市あたりの人なら、どうせ言っても知らないだろうから「高松です」と答えて円満に意思の疎通を図ったりする。

そういえば『京都ぎらい』という本（井上章一著・朝日新書）が評判になった。本の帯には「ええか君、嵯峨は京都とちがうんやで」というキツイひと言が刷り込まれている。もちろん嵯峨といえば嵐山などを擁するレッキとした右京区内であり、京都市役所からでも西へ七キロ前後しか離れていないのだが、歴史をたどれば昭和六年（一九三一）までは葛野郡嵯峨町で、京都市内ではなかった。ずっと昔から京都の町中に居を構える旧家の主人に「嵯峨のお百姓さんに肥を汲んでもらった」と言われたり、山科（現山科区）から嫁を迎えるかどうか、という話では「東山が西に見えてしまう所なんて

図43　地名が指す範囲とは
田園調布も成城の地名も存在しなかった頃の東京府荏原郡。羽田空港あたりも同郡内であった。１：200,000帝国図「東京」大正３年製版

……」と下に見るエピソードなどが興味深かったが、振り返って私が子供時代を過ごしたエリアも昭和一四年（一九三九）までは都筑郡二俣川村なので、元町に住んで三代といった生粋のハマっ子から見れば……ということになるのだろう。

それを言えば、東京を代表する高級住宅地としてその名も高い田園調布の大田区、成城の世田谷区も、昭和七年（一九三二）までは東京府荏原郡に属する町村だった。そ

もそもこの年より以前に東京市内だったのは二三区の面積の七分の一以下に過ぎず、大半は郡部だったのである。かといって水道の水で産湯をつかった神田っ子（水道というのは現代のではなくて神田上水の意）が、「下沼部村（今の田園調布）風情が何言いやがる」なんて啖呵を切るのも空しい話だ。

思えば「東京」という地名が具体的に何を指すかは意外に難しいところである。私は現在、多摩地区の日野市に住んでいるが「東京へ行く」という表現をすることがある。日野市ももちろん都内ではあるが、都心または二三区内へ行く意味で使うのだ。さすがに多摩地区でそれは少数派かもしれないが、同じ都内でも八丈島や小笠原であれば「東京へ行く」のは当たり前だろう。

京都や静岡など、府県名と府県庁所在地が同じであると誤解も生じやすい。先ほどの京都の話でも、『京都ぎらい』の著者である井上章一さんが、嵯峨が京都市に編入された後の出生にもかかわらず、プロフィルに「京都府生まれ」とわざわざ書いた理由は同書を一読すればよくわかる。これにならえば私も「神奈川県生まれ」でないとおかしいのだが（出版社の規定でそう表示されている実例もあるが）。

静岡県内に住んでいる人で「静岡へ行く」と言えば静岡市へ行く意味になるが、東京の人が「静岡へ行く」のなら浜松市か掛川市という可能性だってある。しかし考えてみれば東京に比較的近い伊豆半島の下田市や伊東市へ行く場合には決して「静岡へ行く」

とは言わず、「伊豆へ」あるいは「下田へ、伊東へ」となる。やはり近い場所だとより詳細な説明が求められる傾向によるものだろう。

ついでの話だが、NHKの連続テレビ小説「あさが来た」で、主人公あさの姉の家を「和歌山」と称しているのにはいつも違和感を覚えたものである。現在の有田市域（当時は有田郡）らしいのだが、明治期には大阪から見て当地を「紀州」とは言っても和歌山とは呼ばなかったはずだ（和歌山県管内ではあったが）。和歌山はあくまで紀州徳川の城下町・和歌山を指したからである。

そういえば東京メトロ丸ノ内線の「次は東京です」というアナウンスも違和感が拭えない。そもそも全線が東京二三区内を走っている路線なのに、である。もちろん東京駅の下にあるからだが、この駅名はそもそも新幹線等で遠くへ行く人たちの視点と地理感覚に基づくものだ。大阪駅の下にある地下鉄梅田駅にならって、丸の内駅というのが順当かもしれない。「新幹線に乗り換え損なってどうしてくれる」という苦情が殺到するだろうが。

地名が引っ越す？

現代人がアダチと聞けば、大半が東京都足立区を思い起こすに違いない。すでに六八万の人口を擁する「大都市」であり、単独で政令指定都市になれるほどの規模だ。しかし足立の地名はもともと武蔵国の郡名で、それが明治になって埼玉県北足立郡と東京府南足立郡に分かれた。郡衙（ぐんが）（行政庁）があった郡の中心は、今でいえばさいたま市大宮区付近で、現在の足立区はその南端部分に過ぎなかった。

かつては大宮・与野・浦和・蕨（わらび）・川口・戸田・草加・上尾（あげお）・桶川・北本・鴻巣（こうのす）（旧市名も含む）などを含む広大な面積を誇っていた北足立郡も、郡内の町村がことごとく市制施行して、今は伊奈町のみとなっている。このため埼玉県内でアダチの声を聞くことは稀となった。それどころか、平成一三年（二〇〇一）に大宮・与野・浦和の三市合併で誕生した「さいたま市」は、歴史的地名を知る者にとっては少々困った事態をもたらした。前述のようにこの三市域はすべて北足立郡に所属していたからだ。

もちろん「さいたま」は、県庁が置かれる都市だから県名にちなんだものであるが、その由来となった埼玉郡（明治一二年以降は北埼玉郡・南埼玉郡）は足立郡の北側もし

図44　地名の引っ越し
北足立郡に属していた頃の大宮・与野・浦和の各町（現さいたま市）とその周辺。1：200,000帝国図「東京」大正３年製版

くは東に接する別の郡なので、埼玉郡の「本家」である春日部・越谷・久喜・八潮・蓮田・行田・羽生（はにゅう）・加須などのエリアからは異議もあったようだ（後にさいたま市に編入した岩槻市は南埼玉郡であったが）。

　これらの地名の動向を見ると、埼玉の地名が大膨張した代わりに足立の地名は埼玉県内からは駆逐されてしまった感がある。足立の地名が現役であるのは、南部の東京都内（旧南足立郡）にほぼ限られており、実質的には「地名が引っ越した」と言えるかもしれない。志木市の旧称が足立町だったことを知っている人は少なくなったが、この旧町名（昭和三〇～四五年）も、今となってはだいぶ違和感がある。私など歴史的地名のファンにとっては、さいたま市ではなくて「足立市」が正当だとは思ったものの、さすがに県内の足立の衰退を見るとそこまで主張するのはためらわれた。

平成の大合併で群馬県内は、埼玉県と比べても合併が大きく進んだが、平成一八年（二〇〇六）に高崎市が周辺町村を編入した結果、榛名山頂も含むかなり広域の市になった。このうち多野郡新町（しんまち）は隣接する藤岡市との合併を避け、飛び地合併で高崎市に入っている。その是非はともかく、「高崎市新町」となって困ったのは、元々の高崎旧市街に江戸時代から存在した新町（あらまち）であった。読み方が異なるため、結局はこちらを平仮名の「あら町」に変えることで決着させてしまったのである。

私は直接ここの住民の方から「困ったものです」と嘆きの手紙をいただいたが、何百年にもわたって高崎城下町の新町（あらまち）であり続けた方の表記を変え、高崎とは郡も異なるまったく別の町を高崎市新町（しんまち）としてしまったのだから、実に困った解決策ではないだろうか。後世になって、平成一八年以前の高崎市新町は「あらまち」と読んで旧城下町だが、同年以降の高崎市新町は「しんまち」で、こちらは一〇キロ離れた中山道の宿場町、という分類が将来にわたって厳密にできるかといえば、実に心許ない。

そもそも合併協議会でここまで考えて判断したのだろうか。歴史的地名を尊重してこの問題を解決するのなら、多野郡新町（明治二九年以前は緑野郡新町）の方を旧郡名に戻した上で高崎市「緑野新町」とすれば何の問題もなかった。原因は合併協議会に地理や歴史の専門家が不在であったためだろうか。あるいは政治的な駆け引きの前にその意見が通らなかったのかもしれない。このように末代まで誤解の元となるような不見識を、どうやったら未然に防止できるだろうか。何らかのシステムが求められる。

平成の大合併に関連した「地名の引越し」としては、富士川町が挙げられる。まず初代の富士川町は明治二二年（一八八九）に町村制が施行された時に静岡県庵原郡の岩淵・木島・中之郷の三村が合併した富士川村が最初で、甲州の年貢米がこの川を下ってくる重要な河港の存在もあり、川の名が新村名に選ばれた。この年に開業した官営東海道鉄道（現東海道本線）には村内に岩淵駅が設けられているが、開業は隣の富士駅よりも古い。その後明治三四年（一九〇一）に町制施行して富士川町となり、駅名は昭和四五年（一九七〇）に町名に合わせて富士川と改められている。町制施行して一〇七年後にあたる平成二〇年（二〇〇八）には富士市に編入されて消滅した。

ところがそのわずか二年後には山梨県に富士川町が出現したのである。直線距離で約五〇キロ（町役場間）も上流側であるが、南巨摩郡の鰍沢町と増穂町が合併して誕生した。静岡県側と同じように古くから富士川水運の要衝であったことが背景なのだろうが、この結果、富士川町も平成二〇年までは静岡県の町、二二年以降は山梨県の町となるわけで、やはり紛らわしいには違いない。少し古いカーナビで「富士川町役場」と目的地設定をしたら、甲府盆地の南端へ行くつもりが、駿河湾に近い静岡県の方へ連れて行かれてしまう。地名の取り扱いはくれぐれも慎重に願いたい。

八重洲の「引越し」

東京駅で新幹線を降りて東側すぐの出口といえば、京橋方面へ通じる八重洲口（八重洲北口・同中央口・同南口）である。外堀通りのクルマの流れの向こうに広がっているビル街が八重洲であり、「徳川家康の外交顧問であったオランダ人、ヤン・ヨーステン（Jan Joosten van Lodensteijn）の屋敷があったことに由来するんですよ」と地方から出てきた人に蘊蓄を傾ける人も少なくないだろう。

ところが現在の八重洲という町名は意外に歴史が浅い。戦後の昭和二九年（一九五四）、それまでの呉服橋一～三丁目（旧日本橋区）と槇町一～三丁目（旧京橋区）を合併した時の新町名だ。旧町名である呉服橋と槇町も昭和六年（一九三一）に実施された震災復興事業に伴う町名地番整理事業で誕生したもので、それまでの旧町名は呉服橋エリアが西河岸町、呉服町、元大工町、数寄屋町、檜物町、上槇町の各一部、槇町エリアが五郎兵衛町の全域および北槇町、南槇町、桶町、南大工町、南鍛冶町、北紺屋町の各一部。一〇以上の町名がひしめいていた場所ではあったが、この中に八重洲の名はない。

八重洲は別の場所に存在していたのである。どこかといえば東京駅丸の内南口の近くで、現丸の内二丁目の一部、中央郵便局や赤煉瓦の三菱一号館などのある一郭がすべて八重洲町（町がつく）であった。ヤン・ヨーステンの屋敷由来の町はこちらの方である。このあたりはすべて武家地で、幕末期には備前岡山藩池田氏、出羽天童藩織田氏、美作津山藩松平氏、美濃の岩村藩松平氏などの上屋敷が並んでいた。

武家地ゆえに当然のことながら「町名」がなかったため、明治五年（一八七二）に命名されたのがこの町名だ。ところがこの八重洲町も日本橋・京橋地区と同様、震災復興の町名地番整理で昭和四年（一九二九）に丸ノ内二丁目の一部となって消えている。要するにこの時に消えた八重洲町が、四半世紀後の昭和二九年（一九五四）に突如として外堀の東側に復活したというわけだ。

その謎を解くカギが東京駅の歴史である。周知のとおり大日本帝国の首都・東京の中央停車場として建設され、大正三年（一九一四）一二月二〇日にお目見えした赤煉瓦の壮麗な駅舎。最近になって竣功当時の姿に復元されて注目されたが、開業当初の駅舎はこちらのみで、東側に出入口は設けられなかった。

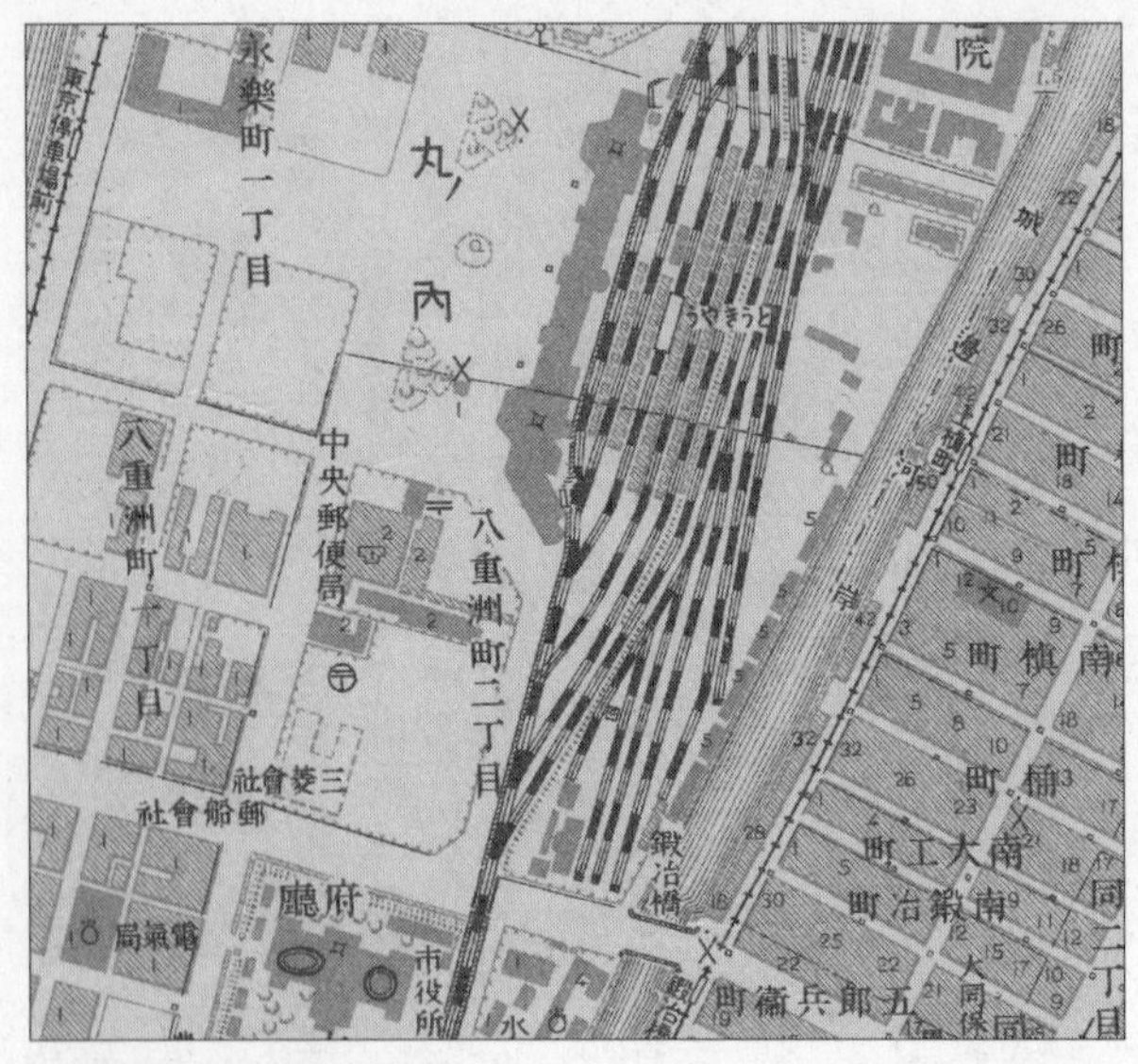

図45　八重洲の引越
八重洲町が丸の内（丸ノ内）側にあった頃の東京駅とその周辺。当時駅の東側に出入口はなかった。1：10,000「日本橋」大正8年鉄道補入

東京駅の工事が始まる以前、かつての「大名小路」の屋敷があらかた取り払われた広大な跡地のうち、しばらくは監獄署と警視庁が陣取っていたが、そちらへ通じる橋として明治一七年（一八八四）に架けられたのが八重洲橋である。長さ二五間（約四五・五メートル）、幅四間（約七・三メートル）の木橋であった。場所はまさに現八重洲中央口の目の前だが、要するに京橋方面から「八重洲町方面へ向かう

橋」という意味である。

おそらく警視庁などの関係者には便利に使われていたのだろうが、東京駅の建設に伴ってこれらの施設が移転して不要となったためか、橋は撤去された。大正時代の地形図を見れば一目瞭然だが、当初設けられた四本の旅客ホームは丸ノ内側に偏っており、東側は機関車を入れ換えるための機回し線や列車の留置線などのヤードに当てられていた。

このため現在の八重洲中央口あたりから東京駅の列車に乗ろうとすれば、まず濠沿いの城辺河岸（しろべがし）を南下、鍛冶橋を渡ってガードをくぐり、赤煉瓦の堂々たる東京府庁や同市役所を左に見ながら市電の「市役所前」電停の交差点を今度は北上、現在の「はとバス」乗り場から赤煉瓦駅舎に至るという不便さだった。移動距離は約九五〇メートルにのぼる。

東側に出入口ができたのは、開業から一五年も経った昭和四年（一九二九）の一二月一六日のことだ。鉄道の利用者数も当時はうなぎ上りで、さすがに設置を求める声が高まっていたに違いない。鉄道教育会発行の『鉄道年表』（原田笹一郎編・昭和一四年発行）によれば、「東京駅裏側（槇町方面）乗降口新設工事竣功使用を開始す」とあるが、まだ八重洲のヤの字もない。その四年前の大正一四年（一九二五）には八重洲橋が再建されているが、前出の『鉄道年表』には出入口の固有名詞は記されていない。ウィキペディアではこの日に「八重洲口が開設する」とサラリと述べているが、昭和七年（一九三二）一〇月一日に近郊八四町村を編入して「大東京市」になったのを記念して発行された東京日日新聞の付録「大東京最新明細地図」の欄外に描かれた東京駅の案内図によれば、東側には駅舎ではなく改札とトイレだけを備えた小さな出入口「八重洲橋口」がある。目の前が広い幅の八重洲橋だ。

その後は東京大空襲で出た多量の瓦礫の捨て場として同二三年に外濠が埋め立てられたのに伴い、橋も消えている。この年には八重洲橋口に新駅舎ができたというが、翌二四年に失火で焼失した後は同二九年に大丸百貨店の入った少し前までお馴染みだった駅ビルに生まれ変わる。「八重洲橋口」の名がいつまで残っていたか不明だが、橋の消滅によって「八重洲口」に転じたというのは自然なことだ。同二九年に町名の統合で「八重洲」の町名が別の場所ながら復活したのは、小さかったこの出入口によるところ大であろう。

明治に入って改称した都市名

江戸期の旧東海道はおおむね東海道本線や関西本線などに沿ったルートで、五十三次の宿場の名称は現在の都市名と一致する場合が多い。しかし一部ではあるが、現在の地名とまったく違う例がいくつか見られる。

たとえば静岡はかつて府中宿と称した。府中という地名は古代に国ごとに置かれた行政庁の国府（国衙）の所在地を意味するので、全国各地に数多く分布している。静岡の府中は駿河国府の短縮形である「駿府」と称した期間が長いが、宿場町としては駿府の一角を指して「府中」と呼ばれていた。ついでながら甲斐国府の所在地は甲府（山梨県甲府市）、周防国府が防府（山口県防府市）、その隣の長門国府が長府（長府町。昭和一二年に下関市に編入）である。

府中という地名は今も多数存在するが、自治体名としては府中市が二か所―東京都府中市と広島県府中市がある。東京都の方は武蔵国府が置かれたところで、昭和二九年（一九五四）四月一日に市制施行した。一方の広島県には府中を名乗る自治体が今でも二つあり、そのうち広島市に囲まれた府中町は安芸国府に、福山市に近い府中市は備後国府に由来している。備後の府中は東京都府中市が誕生した前日の三月三一日に市制施行した。同じ「府中市」がほぼ同時に成立してしまったのだが、当時は同名の市を避ける行政指導が行われていたにもかかわらず、年度を跨いだためスキをつかれた形なのだろうか。

このうち広島県の府中市は、明治二二年（一八八九）の町村制施行時には「府中市村」と称した。市場町の色彩を反映した村名だが、同二九年に町制施行した際には「府中市町」ではなく府中町と名称変更、さらに昭和二九年の市制施行で府中市となったので、順に並べると府中市村→府中町→府中市というややこしいことになる。

数ある府中のうち、明治二年（一八六九）に城下町背後の賤機山(しずはたやま)にちなんで名付けられたのが前述の静岡で、賤岡としなかったのは、「賤しい」という字を避けたものだ。全国数十か所に及ぶ「府中」の地名が紛らわしいことが改称の理由とされ、さらに音が「不忠」に通じるとして忌避したというのも定説として知られている。

他にも明治維新を機に府中から改称した町はいくつかあり、茨城県の石岡（石岡市）もそのひとつだ。鎌倉時代には「石岡名(みょう)」と称していたのを復活させた形であった。また長崎県対馬(つしま)の城下町であった府中も、明治に入って厳原(いづはら)と改められている。さらに越前国で南北朝期から府中を名乗っていた町も、静岡と同じく明治二年（一八六九）に当地の平安期の地名を採って武生町(たけふちょう)と改称した。そのまま武生市として存続してきたのだが、平成の大合併で隣の今立町(いまだてちょう)と合併した際に国名を採って越前市となり、せっかく平安時代の地名を復活させて一世紀以上も存続した武生の地名は消滅、わずかに武生柳町という旧市街の町名に残るのみとなった。ＪＲの武生駅や武生高校といった施設名等で存続しているものはあるのだが、「対等合併」というだけで長らく続いた地名を消滅させる乱暴なやり方は困ったものである。

東海道では、渥美郡(あつみぐん)の吉田も明治二年（一八六九）に豊川に架かる豊橋(とよばし)（吉田大橋）

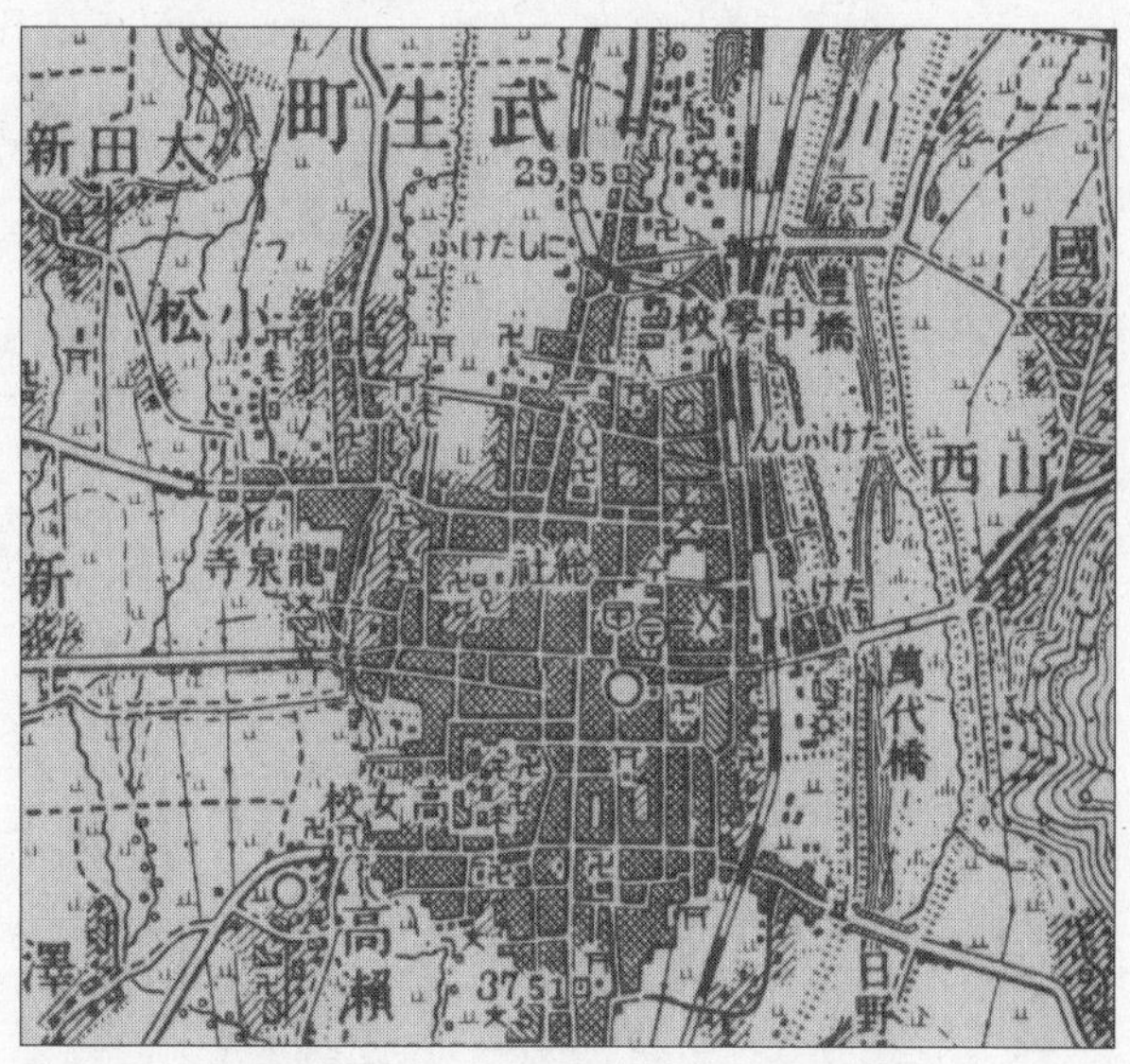

図46　明治に改称した都市
越前国の府中は明治維新を経て武生となった。古代の地名を復活させたものだが今は越前市。1：50,000「鯖江」昭和8年要部修正

にちなんで豊橋（はし）と改められた。吉田という町が全国に多数存在することが理由という。しかし明治三〇年（一八九七）にJR飯田線の前身である豊川鉄道が東海道本線の豊橋駅に間借りして開業した二年後、自前の駅舎を設けた際にわざわざ駅名を豊橋から吉田に改めているのは、吉田の住民が豊橋の名を認めたくない意思表示であったように思われる（後に豊川鉄道の国有化で豊橋駅に再統合）。その豊橋の三〇キ

吉良吉田駅と改称)。

口西にはもうひとつ幡豆郡の吉田町が存在するが、こちらに鉄道が開業した際には吉良吉田という駅名が採用された(後に三河吉田駅として統合されたが、戦後に再び吉良吉田駅と改称)。

松山という地名も全国に多かったことから、山形県の小さな城下町であった松山は明治二年(一八六九)に松嶺と改められている。昭和の大合併期にあたる昭和三〇年(一九五五)には隣接する内郷村・上郷村と合併、その際に旧城下町の名である松山町を復活させたのだが、残念ながらちょうど半世紀後の平成一七年(二〇〇五)に酒田市に編入された際に市内の町名として「松山」を存続させなかったため、せっかく復活した松山の地名は再び消えてしまった。一方で岡山県の城下町・松山も明治二年(一八六九)に川の名を採って高梁と改称されている。一時は松山に戻ったもののその後は高梁が定着し、昭和二九年(一九五四)には高梁市が誕生している(旧松山村の一部は東の郊外に高梁市の大字松山として残っている)。

それほど多くはないのだが、亀山という地名も丹波の城下町は改称を余儀なくされ、明治二年(一八六九)に亀岡(京都府亀岡市)と改称されている。こちらは伊勢の亀山(三重県亀山市)との混同を避けるためとされた。

この年に改称された町は、ここで取り上げた以外にも数多い。「地名の明治維新」とでも呼ぶべきだろうか。

地名表記の字も時代につれて……

大阪という地名は「天下の台所」の江戸時代に、大坂とも書いた。すべて大坂かといえば大阪も混在していたので、どちらが正しいとは言えないらしい。江戸時代までの日本の地名表記は縛りがそれほどきつくなく、現代の感覚だと「いい加減」にさえ思える。文書に出てくる表記が何通りかある地名は珍しくないので、現在の地図に「大阪城」とあるのを見て間違いだ！　と目くじらをたてることはない。

江戸は東京になったので表記の問題は生じないが、当初は東京と書くことが多かった。京という字を漢和辞典で引いてみると、何のことはない京の俗字だという。ふつう俗字なら画数が少なくなるのに、一本足すとは不思議なことである。この字は民間の市街地図だけでなく、国土地理院の前身である陸地測量部が刊行した明治二〇年代の地図にも表記されているし、東京の京橋の親柱に彫られている書体も「京橋」だ。

東京、大坂の類は微々たる違いかもしれないが、完全に違う字が並行して使われる例もあったようで、たとえば愛知県知立市の知立(ちりゅう)。この字が使われるのは江戸時代からだそうだが、並行して池鯉鮒の字も用いられている。北斎の五十三次もこの字なので現代人も意外に知っているが、池の鯉と鮒という駄洒落のような字を誰が思いついたのだろうか。『角川日本地名大辞典』の「知立」の項では「知利布、池鯉付、雉鯉府、千鯉鮒、雉鯉鮒、池鯉鮒とも書く」と多種多様な文字遣いがあったことを教えてくれる。コイやフナだけでなく、キジも登場したことがあるようだ。さらに奈良時代には智立（郷名）、鎌倉時代には智鯉鮒、江戸時代には「池鯉鮒村と書くことが多く」とあり、北斎はこれに従ったのだろう。知立の読みは旧仮名遣いで「ちりふ」だが、この当て字を見ると、昔は実際に「Chirifu」と発音していたのではないだろうか。

同じく東海道の保土ヶ谷もかつては「程ヶ谷」の表記が多かった。江戸時代には例によって双方が使われていたようである。東海道本線に最初に駅ができた時は程ヶ谷の方が採用されたのだが、昭和六年（一九三一）に現在の保土ヶ谷に改められている。これは行政区画の方が明治二二年（一八八九）の町村制施行以来ずっと保土ヶ谷町、保土ヶ谷区（昭和二年から）の表記を用いたため、これと揃えたのかもしれない。

このような不一致が各地で起きるのも、やはり原初の日本語によって命名された地名（音声のみで伝えられたはず）に、後から上陸した漢字を当てはめたためだろう。大坂のような表意文字が使われたものに大きな違いはないが、特に完全な当て字の知立のようなケースだと、どんな風に変わっていくかは洒落っ気のある当時の知識人（たとえば坊さんなど）のセンスにかかっている。

千葉市の幕張メッセとして全国的に知られる幕張の地名も古くは馬加と書いた。南北朝時代には馬加郷の名で文書に見られ、明治に入ってからも村名は馬加であったが、同二二年（一八八九）の町村制施行で馬加・武石・長作・天戸・実籾の五村合併の際に正式に幕張村となった。対等合併の場合はまったく新しい文字遣いが敢えて選択されることが多いが、ひょっとして「バカ」と読まれるのを嫌ったということはないだろうか。

江戸期には縁起をかつぐなどのため城主が意図的に字を替えた事例も目立つ。加藤清正の居城・隈本の地名を熊本に変更したのは、現在に至る壮大な城郭を築いた際のことであり、土佐の山内一豊が河内山城を築いたものの、水害に苦しめられる城下からの訴えもあって高智山（後に高知）と字を改めている。上州（群馬県）の城下町・前橋もかつて厩橋（発音は「まやばし」だったらしい）と呼ばれていたのを酒井忠清から忠挙の間に前橋と改めた。これも何らかの意図が込められているのだろうか。

伝統文化である「当て字」は、明治以降に開拓が急速に進んだ北海道でアイヌ語由来の地名を漢字化する際にも盛んに発揮されている。たとえば本流を意味するシペッに当てた漢字は士別（上川管内）と標津（根室管内）のようにまったく異なるものが珍しくない。この二例は字の区切り方も「し・べつ」と「しべ・つ」で違う。アイヌ語の川の名は本流と支流で区別することが多いが、「シ（大きい）」は本流なのに単純に音だけ聴いて「支」の字を当てることもあり、こうなると誤解の元だ。

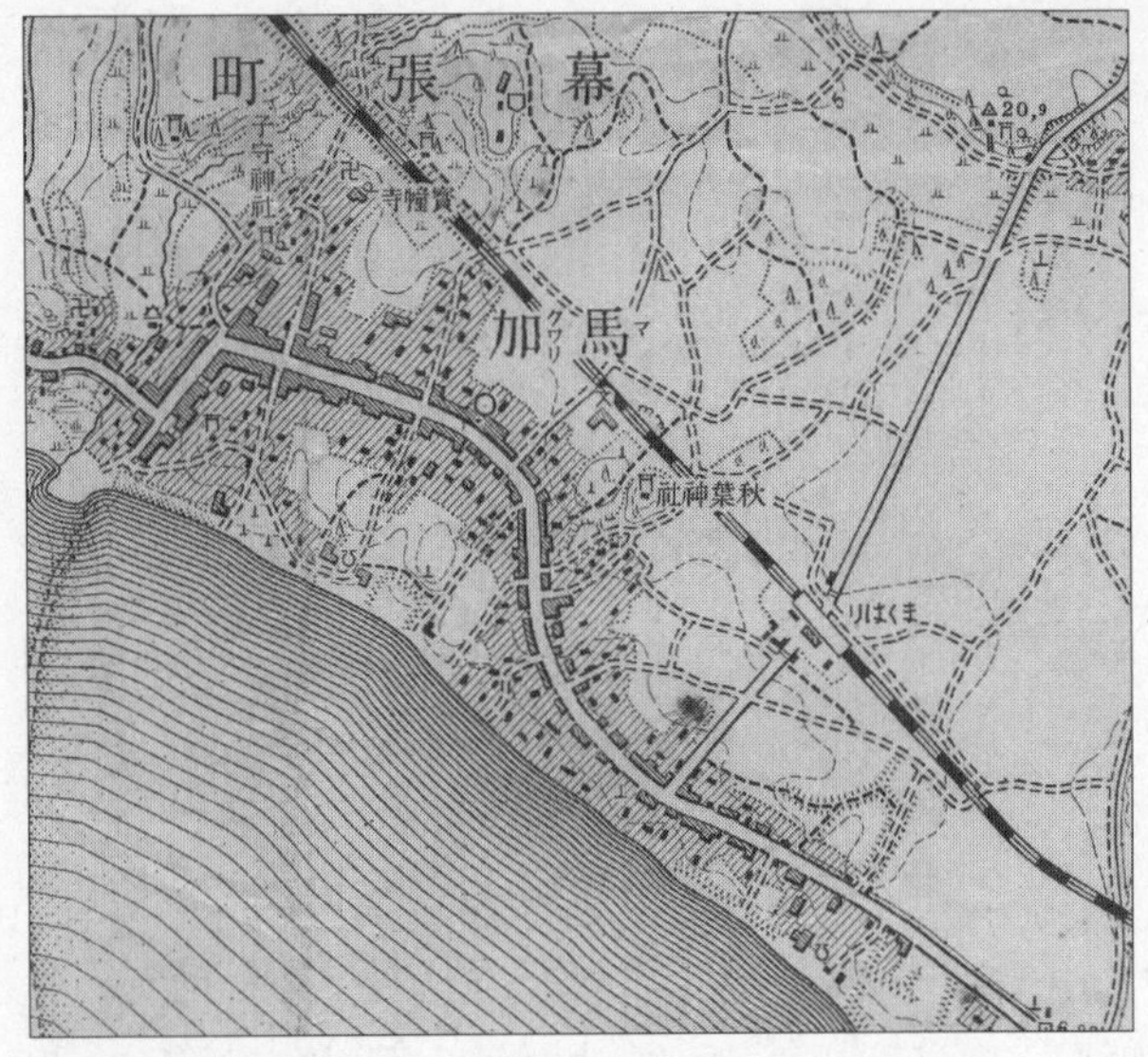

図47　地名表記の字も時代につれて……
東京湾に面した明治期の千葉郡幕張町付近。大字の地名は馬加で「マクワリ」とルビが振ってある。１：20,000「検見川」明治42年補測

ところで最近も表記の変化が目立つようになってきた。漢字から平仮名化という新しい流れである。たつの市（兵庫県龍野市他）、つくば市（茨城県筑波町他）、いなべ市（三重県員弁町他）、まんのう町（香川県満濃町他）、かすみがうら市（茨城県霞ヶ浦町他）など平成の大合併で激増したが、いずれも合併する旧町に同じ漢字表記の自治体が含まれており、周囲の町村がその自治体に併呑（へいどん）された印象を持たれ

ないため、要するにメンツを立てるための平仮名化のようだ。先祖が積み上げてきた地名表記を尊重する必要はない、ということか。

あとがき

還暦の私が中学一年生の時だから、今から半世紀近くも前の話である。新学期のおそらく四月、地理分野の授業に社会科の先生が教室に持って来られたのが、二万五千分の一地形図であった。母校・横浜市立万騎が原中学校の載っている「横浜西部」という図で、その実物を見せてもらったのが、大袈裟だが私の運命を決めたのかもしれない。

住んでいた丘陵地の郊外風景が紙の上に詳細に描かれた図に魅せられてしまった私は、それから毎週のように横浜駅のダイヤモンド地下街にある有隣堂へ行っては数枚ずつ地形図を購入した。当時は二万五千分の一地形図は一枚がちょうど百円であったから、お小遣いで毎月十数枚ずつ買うのはそれほど負担ではない。昨今のように塾などに追われることもなかったから、今から見れば有り余るほどの時間を地形図の「鑑賞」に費やしていた。行ったことのある土地からまだ見ぬ場所まで、図を眺めながらあちこちの風景をひたすら楽しんでいたものである。

その頃に主に注目していたのは鉄道の線路と集落の様子、それに地形であったが、そのうち地名にも興味を持ち始めた。小学校六年生あたりから始めた「駅名暗記」が影響しているのは確かだろう。ひたすら鉄道路線の駅名を覚え、順にズラズラとお経のように唱えるものである。たとえば東海道本線なら東京、有楽町、新橋、浜松町……三ノ宮、元町、神戸というのを延々と。やったことのない人には気が知れないと呆れられるのがオチであるが、経験者は知り合いにも数人はいるので、戦前からその手の趣味をもつ人は少なくなかったと思いたい。駅名を通してたくさんの漢字を覚えたのは唯一の「役に立つ」副産物だっただろうか。

函館本線など、アイヌ語由来の駅名が多いので、その独特の読み方と当て字は印象的だった。長万部（おしゃまんべ）、二股（ふたまた）、蕨岱（わらびたい）（今はない）、黒松内（くろまつない）、熱郛（ねっぷ）、上目名（かみめな）（今はない）、目名（めな）、蘭越（らんこし）、昆布（こんぶ）、ニセコ、比羅夫（ひらふ）、倶知安（くっちゃん）……というあたり、誰に聞かせるわけでもないのに、ひたすら唱えては発音を楽しんでいた。やはりちょっと変な子供であったかもしれない。

高校生になってからだろうか。地名への興味が増して、大学ノートに珍しい地名を書き留め始めたのは。とりわけ難読の地名が好きだった。読みにくい地名には地形図でもルビが振ってあるが、いかにもその土地の方言を反映したような小地名を発見すると感激し、小さく声に出しては味わっていたものである。

出会った時の感触を今なお覚えているのが、当時の鹿児島県川辺郡知覧町の山の中にあった池之河内という地名である。「いけんこつ」と読むのだが、そのルビに、「そげんこつ！」と西郷どんが一喝したような薩摩弁らしさを感じたからだろう。今の地形図にも健在だが、残念なのはここら一帯が「南九州市」という、どうにもつかみ所のない、薩摩らしさからほど遠い自治体名になってしまったことだ。

その「残念な地名」を意識し始めたのもその頃で、そもそも自分の住む所が南希望が丘という、いかにも郊外の新興住宅地の名前であったこともあるだろう。本文中にも書いたが、最寄りのバス停はその名も「桃源台」である。相模鉄道の希望ヶ丘駅は昭和二三年（一九四八）の開業だが、駅名は公募によって選ばれたという（世田谷区の主婦の「作品」という）。そこに旧制県立横浜第一中学校（通称・神中）から新制になって間もない横浜第一高校が現在地に移転、希望ケ丘高校となった。町名はその昭和三六年（一九六一）に、駅名にならって設定されている。

家の最寄りのこの進学校へ行くには成績が及ばず、少し離れた新しい高校へ行ったのだが、そこで文芸同好会を立ち上げた友人に誘われてそこへ入り、私が書いたのが相鉄いずみ野線の駅名批判であった。二年生の時（昭和五一年四月）に開通した路線であるが、新駅名に地元の地名とは異なる「新出来」のものばかりが採用されてショックを受けて書いたものだ。柏町、岡津町、新橋町、和泉町にそれぞれ南万騎が原、緑園都市、弥生台、いずみ野という新駅ができたのである。思えばその時のテーマは今も変わっていない。

地名はよく言われるように「生き物」である。土地は財産であるから、なるべく高値のつく地名を付けたいのは人情で、だからこそ東京の銀座も大正時代から今に至るまで十倍以上に面積を広げたのだ。銀座になって資産価値が上がって結構なことかもしれないが、その影で消えていった無数の地名を忘れてもいいのだろうか。それらの中には、城下町であった頃の江戸の暮らしを反映する多くの職人町の地名が含まれていたのである。

地名は過去の事蹟を今に伝える「無形文化財」のような側面も持っているのだが、難しいのはこれを博物館に入れて大切に保管しておくわけにいかないことだ。古代から今に続く貴重な地名であったとしても、現実にはさまざまな人たちの欲望が渦巻く世間の舞台として使われているものであるから。

現在は沼津市になっている地区に、かつて助兵衛という地名があった（当初の助兵衛新田を明治二二年に改称）。助兵衛さんが江戸時代に開いた新田にちなむ由緒ある地名だったのであるが、スケべという言葉がある種の色を帯びてくると、外聞が悪いという住民の戸惑いももっともで、明治四一年（一九〇八）には今の桃里に改称している。これを「歴史的地名」なのだから、と助兵衛を強要するわけにもいかない。そのあたりが難しいところだ。

それでは、戦国時代以前からずっと続いてきた柏木という地名を北新宿に改めたのはどうだろうか。新宿という地名の持つ高い地価に目がくらんだとすれば、それはずいぶんと下品なことではないか。柏木という村の中で何百年も喜怒哀楽を共にしてきたご先祖さまに申し開きができるだろうか。もちろん現在北新宿に住んでいる人が下品だと言っているわけではなく、変えたヤツのことである。

イメージ重視の時代になってくると、地名のブランド化はどんどん進む。「住みたい街ランキング」といった不動産関連業者によるアンケート結果も大々的にメディアに掲載され、その影響も無視できないだろう。その人気のバロメータはマンションの名前に表われる。たとえば世田谷区のブランド地名・成城。ここは銀座のようにエリアが大きく拡大することはなかったけれど、その代わりに隣接する調布市入間(いりま)町には「成城」を名乗るマンションやアパートが数え切れないほどあり、本来の地名である入間町など「イの字」も見当たらない。と諦めかけた頃にやっと一件だけ探し当てたのが、入居数をそれほど気にしなくてもよい都営住宅だった。

東日本大震災後は地盤や標高など土地条件が注目されるようになり、災害に遭いやすいとしてある種の地名を槍玉に上げ、「これが震災地名だ！」などと喧伝する論調があちこちで目立つようになってきた。「沼のつく地名は軟弱地盤だからご用心」といった類であるが、たとえ沼の字を含む地名に実際の沼に由来するものが多いとしても、河童でもあるまいし沼に住んでいる人はいない。仮に集落が沼を見下ろす高台に発達したのであれば「集落の土地条件」と地名は無関係ということにもなる。

この一事だけをもってしても土地の安全性を地名で判断することの非科学性は明らかだが、意外に信じ込んでしまう人は多い。そうなると、資産価値を下げないために地名そのものを変えてしまおうとする動きが現実のものとなりかねない。まさに「負のブランド地名からの脱出」である。

法的にみれば、沼上新田という地名を「サンズイつき」だからと忌避して中央一丁目と改め、その後に時代が変わってどうも新味がないなあ、として「ビバリーヒルズ三丁目」に変えることは可能である。しかし新しいつもりのネーミングは陳腐化も早いから、それを十年後に今度はフランス語調で「りべるて三丁目」と三転しても、市町村議会が可決すればいいのだから、それこそ「自由」である。外国風でなくとも、おらが町を「成城」や「田園調布」と命名することも不可能ではない。財政難の末に「命名権ビジネス」で市名を売りに出した自治体も一時期はあったから、この話はそれほど荒唐無稽でもないだろう。

すでに日本では明治以来、ずいぶんと多くの地名が変えられ、捨てられてきた。いわば「地名アナキズム」の領域に片足を突っ込んだような地域も珍しくない。しかし地名をいじくり回し、変名していけばいくほど、それだけ過去との結びつきは稀薄になってくる。歴史とは突き詰めれば「どこで誰が何をしたか」であるが、その前提である「どこ」が後世の誰にも通じなくなった時、地域の拠り所はどうやって求めればいいのだろう。そろそろ歴史的地名をきちんと保存するための国民的な議論をすべき時ではないだろうか。

地名の来し方のことを書いていると、どうも前途に暗雲がたちこめる気分になってしまうのだが、それでも現役で活躍している個性に溢れた歴史的地名はまだまだ多い。それらの多様性を味わい、地名にまつわる物語を後世に伝えていくことが、今の世代の役割である。自然環境の分野では危機感をもってそれが共有されるようになってきたが、地名も「祖先から伝えられたものを、そのまま未来へ渡していく」ことが重要で、それは自然保護よりもずっと容易なことではないだろうか。やる気さえあれば。

本書は日本土地家屋調査士会連合会の機関誌『土地家屋調査士』の平成二七年（二〇一五）八月号から令和元年（二〇一九）六月号にかけて連載した「地名散歩」第四一回〜第八七回に加筆修正したものです。連載の性格として毎回の読み切りのため、テーマや取り上げる地名が一部重複していますが、ご容赦ください。

内容については基本的に執筆時点の状況を反映していますが、文庫化に際してはできる限り最新のデータに差し替えました。何度かの校正と校閲さんのチェックが入っているものの、私の不注意で見逃した誤りがあるかもしれません。お気づきの際はご一報いただければ幸いです。

最後になりましたが、日本の地名についてご専門の立場からわかりやすい解説をいただいた早稲田大学の笹原宏之先生（国語学）、長年にわたり『土地家屋調査士』の冒頭ページという「特等席」での連載をお許しいただいている日本土地家屋調査士会連合会のスタッフの皆さま、そしてこの連載についてしばしば励ましのお言葉をいただく全国の土地家屋調査士の方々、そして文庫としての上梓にあたり、さまざまにお世話になった筑摩書房編集部の吉澤麻衣子さんに、心から御礼を申し上げます。

＊本書に使用した地形図は国土地理院およびその前身機関のもので、地名を目立たせるため適宜拡大した。同院のネット地図である「地理院地図」のダウンロード日時は令和元年一一月前後に行ったものである。

〔主要参考文献〕

『新版　角川日本地名大辞典　DVD-ROM』角川日本地名大辞典編纂委員会編　KADOKAWA　平成二三年（二〇一一）
『全国市町村名変遷総覧』市町村自治研究会監修・日本加除出版編集部編　日本加除出版　平成一八年（二〇〇六）
『市町村名変遷辞典　補訂版』楠原佑介責任編集　地名情報資料室編　東京堂出版　平成五年（一九九三）
『日本「歴史地名」総覧』歴史読本特別増刊（事典シリーズ二二）　新人物往来社　平成六年（一九九四）
『市町村名語源辞典』溝手理太郎編　東京堂出版　平成四年（一九九二）
『日本地名ルーツ辞典』池田末則・丹羽基二監修　創拓社　平成四年（一九九二）
『地名語源辞典』山中襄太　校倉書房　昭和四三年（一九六八）
『消えた市町村名辞典』楠原佑介責任編集　地名情報資料室編　東京堂出版　平成一二年（二〇〇〇）
『北海道地名分類字典』本多貢　北海道新聞社　平成一一年（一九九九）
『地名アイヌ語小辞典』知里真志保　北海道出版企画センター　昭和五九年（一九八四）復刻
『川崎の町名』日本地名研究所編　川崎市　平成三年（一九九一）
『東京市町名沿革史　上下』東京市企画局都市計画課編（復刻）明治文献　昭和四九年（一九七四）

『停車場変遷大事典　国鉄・JR編』JTB　平成一〇年（一九九八）
『日本鉄道旅行地図帳』一～一二巻　今尾恵介監修　新潮社　平成二〇年（二〇〇八）～二一年
『鉄道年表』原田笹一郎　鉄道教育会　昭和一四年（一九三九）
『軍隊を誘致せよ　陸海軍と都市形成』松下孝昭　吉川弘文館　平成二五年（二〇一三）

※　本書は二〇一五年八月から二〇一九年六月まで機関誌『土地家屋調査士』（日本土地家屋調査士会連合会刊）に連載された「地名散歩」を加筆、再構成したものである。

※　地図は、国土地理院長の承認を得て、同院発行の二〇万分一地勢図、二〇万分一帝国図、五万分一地形図、二万五千分一地形図及び一万分一地形図を複製したものである。（承認番号　令元情複、第九〇一号）

解説　解き明かされる地名の謎、尽きぬ魅力

笹原　宏之

沖縄県の糸満には、むかし八人の英国人が流れ着いたからエイトマンと呼ばれ、それが変化した地名だという珍説がある。しかし、本書はそんな怪しい話には触れずに、「北浜」と書いて「にしぱま」と読ませる沖縄の方言読みの解説をする。博識に誠実さが重なってのこと、本書の著者の今尾氏の姿勢が現れている。

巷間には、「沼」が付く地名は地質が危ない、実は「桃」が付く地名は土砂災害の危険がある、などと十把一絡げに短絡的な警鐘を鳴らす話がある。著者は、「恋」「鯉」が崩壊地名によく当てられる字という指摘にとどめている。地名は一つ一つがそれぞれの地で別個に付けられており、大きな傾向はあっても漢字表記は変更されてきたため、一概に危険性を指摘することなどできるはずがない。

「樫」は「橿」と同じで、国字と述べる。この字は、橿原の「橿」が中国式のカシの表記であり、奈良時代に日本人が分かりやすいようにと旁を「堅」に入れ替えたものだっ

た。京都市西区の樫原（かたぎはら）は、地元でカシの木がたくさん生えていることから付けられたと、バスを待つ制服を着た生徒に教わったことがある。著者のお蔭で鮮明に思い出せた。

地名の方言的な読み方については、本書に「谷田峠」で「たんだだわ」というトンネル名（岡山県・鳥取県）が示されるほか、「谷」の「や」についても多く語られている。いずれも奈良時代から見られる語であり、後者は東日本の方言であった。「下田」を「みさだ」と読ませるのは、「み下げ田」が転じたものとのことだ。鼠が文書をかじってしまったために「梁田（やないだ）」が「小田」へと漢字を変えたと伝えられる地名さえもある日本らしい出来事だ。

漢字の字種についても、例えば「坂」が大阪などで「阪」となった例のほか、「美濃」の二字目を略字にした「美乃」が駅名に残ることを指摘する。第一章「タタラ」では、「鑪」の略字「鈩」が十カ所以上も紹介されている。行政地名だけでなく、小字、自然地名までよく目配りされている。「蹉跎（さだ）岬」と京都の通り名に付く「上ル」「下ル」については、ちょうど読む機会を得た糸井通浩氏の『古代地名の研究事始め 山城・丹後の伝承・文学地名を中心に』（清文堂出版）にも検討されているように、とても重要なテーマである。

著者は、たくさんの知識に支えられた正義感をもった信念の人である。由来を勘違いさせそうな「金塚」という人工的な合成地名には、「まるで地名の錬金術」とさらっと批判を加える。お母様がバス停「桃源台」について皮肉を込めて語るところでは、伊豆にも「桃源郷」があってワクワクして窓の外を探し、眺めた日を思い出した。

「四日市市」「市川市市川」「南あわじ市市市」に関する記述は、著者の独擅場だ。各地で起こった狂騒ぶりの紹介は、笑いを誘う。「小川川」を横書きすると、いかにも水が豊富に流れる印象があるというのは、日本人が内面に抱く文字感をよく描写してくれている。

「〜町」の読みは、マチかチョウか。西は音読みという傾向があるが例外もあり、市区町村より小さい地名となると、もう個々に覚えるほかにないほど難しい。著者は、テレビやラジオに呼ばれて出演するときに、言い間違えて話の信頼度が落ちないようにと台本や手元の資料に、マチはM、チョウはCとメモをしておくという。飄々と語りながら中身が正確であることは、こうした細々とした技と配慮に裏打ちされていたのだ。ここにはまた著者の謙虚さも伺えるだろう。

自身が横浜出身を名乗るわけは、かつて神奈川県民たちから聞いていた正直な意見を代弁してくれている。世田谷の成城も大田区の田園調布も昭和七年までは郡部だったと指摘する。よく話題となる町田市だけでなく、稿者にゆかりのある杉並区も、明治の一時期、神奈川県だった。

著者は、テレビ局から日本一長い住所を確かめられたが、「日夜そんな類の地名を調べているわけではないので、わかりません」と答えたという。分からないことを咄嗟の推測で強弁したりはしない。テレビは、ネットなどで手軽に得た不確実な情報を、裏をとろうとするだけましだが、専門家に気軽に尋ねてくるもので、その対応に現れる人柄というものもある。視聴者はそこまで見抜いてくれるとよいのだが。

本書は、北は北海道から南は沖縄まで、さらに時に中国、さらにはヨーロッパなど、海外にも目を向けて、縦横無尽に地名の真実を解き明かす。中国語の場合は、地名を現地風の発音でカタカナ書きすると、「チャ」行が多く区別が付きにくい、という指摘は、慣れてしまうと思いつかなくなることだが、もっともな事実である。今の地図帳をめくれば、そうしたカナの羅列の暗記を強いられている子供たちが気の毒に思えるはずだ。

各地で設けられる合併協議会の類には、歴史や地理の専門家が少ないという指摘も事実だ（第五章）。著者から、地元で不条理に改変されそうになった地名を守ろうとした時の苦心とその結果に対する無念さを伺ったことがある。政治的な判断や、担当者のつまらないメンツによって安易にひらがなに変えられたり、不動産屋の思惑や地価など経済がらみの理由だけから、根っこを持たない新たな地名へと改変されるケースは、枚挙にいとまがない。

過去に発揮された「知識人のセンス」が、今後は活かされることがなくなるとすれば、全国の地名は画一化し、また単なる記号へと化していく。事実、かつて総務省によって番地などの数字に置き換えられてしまった小地名は、運良くバス停などが設置されたり交差点が作られたりしない限り、消滅の一途をたどってきた。

著者は、「当て字」は伝統文化だと言い切る。古代にすでに国名などに対して好字二字化が広く行われていた。ただ何でも容認するわけではない。北海道でアイヌ語の大きい意の「シ」に、「支」を当てたせいで、大きな川なのに支流だとの誤解を生みかねない例については、きちんと批判している。

著者は、地名を守るために行動も惜しまない。埼玉県の八潮市で垳（がけ）という全国で唯一の地名が行政によって消されそうになったとき、「垳を守ろう」という運動が熱意ある市民の間で沸き起こった。これは稿者の一つの講演を文字化した冊子がきっかけとなったもので、方言漢字サミットと題するイベントが毎年開催されるにまで至ったのだが、そこにもよく参加して耳を傾け、真摯に助言を与えてくださる。

山手線の駅名になるという「高輪ゲートウェイ」にもはっきりと反対の意を表明し、メディアにも登場された。本書に記されるとおりの確信と信念あってのことである。

本書を読んでから家を出れば、行く先々で、書いてあったものだとか、あれに似ているなどと思わず口をつくような、何らかの意味を伴った地名に出会うことになるだろう。京橋に建てられた親柱に「京橋」、江戸時代の史料に大坂ではなく「大阪」、知立が「雉鯉鮒」など、常識を超えた多様性に対して、目くじらを立てるよりも、この時代にあって著者のように知的に楽しむ余裕を持ちたい。また、外出ができないような時でも、ページを開けば、「先祖が積み上げてきた地名表記」を知るとともに、その土地の美しい自然や永い歴史の一端を思い描き、そこに赴いた気分にまでなれるかもしれない。

長年にわたって地図を博捜し、文献で確認し、時にはレンタカーを借りてでも各地を巡る。還暦を迎えた著者は、そのように努めていても、まだたくさんの謎が残っていると述べる。数百万、いや数千万件の多彩な地名が名付けられ、人々によって使われてきた日本列島で、文献調査やフィールドワークを止めることはないだろう。著者とともに、地名の魅力を楽しみながらその謎を解き明かす人が増えていくに違いない。

（ささはら・ひろゆき　早稲田大学教授）

ちくま文庫

ふしぎ地名巡り(ちめいめぐ)

二〇二〇年一月十日　第一刷発行
二〇二〇年二月二十日　第二刷発行

著　者　今尾恵介（いまお・けいすけ）
発行者　喜入冬子
発行所　株式会社　筑摩書房
東京都台東区蔵前二―五―三　〒一一一―八七五五
電話番号　〇三―五六八七―二六〇一（代表）
装幀者　安野光雅
印刷所　三松堂印刷株式会社
製本所　三松堂印刷株式会社

ISBN978-4-480-43650-4　C0125